高等教育艺术设计专业"十四五"系列教材

非遗 文创设计
原理与实践

FEIYI WENCHUANG SHEJI
YUANLI YU SHIJIAN

主编◎徐 鸣

华中科技大学出版社
http://press.hust.edu.cn
中国·武汉

内 容 简 介

本书旨在将非遗文化与文创设计相结合，探索非遗文化保护与传承的新途径。全书共分为五个章节，介绍了非遗文创设计的原理探究以及非遗文创产品设计的实操和案例研究等内容。

图书在版编目（CIP）数据

非遗文创设计原理与实践/徐鸣主编. -- 武汉：华中科技大学出版社, 2024.7. -- ISBN 978-7-5680-7652-4

Ⅰ.G12

中国国家版本馆 CIP 数据核字第 2024TR8827 号

非遗文创设计原理与实践　　　　　　　　　　　　　　　　　　　　　徐鸣　主编
Fei-Yi Wen-chuang Sheji Yuanli yu Shijian

策划编辑：江　畅	
责任编辑：白　慧	
封面设计：原色设计	
责任监印：朱　玢	
出版发行：华中科技大学出版社（中国·武汉）	电话：（027）81321913
武汉市东湖新技术开发区华工科技园	邮编：430223
录　　排：华中科技大学惠友文印中心	
印　　刷：武汉市洪林印务有限公司	
开　　本：889 mm×1194 mm　1/16	
印　　张：7.25	
字　　数：198 千字	
版　　次：2024 年 7 月第 1 版第 1 次印刷	
定　　价：59.00 元	

本书若有印装质量问题，请向出版社营销中心调换
全国免费服务热线：400-6679-118　竭诚为您服务
版权所有　侵权必究

前言
Preface

中华优秀传统文化赓续了中华民族精神基因，是提升我国文化软实力的动力引擎。随着我国文化传承创新事业的不断推进，国家对文化传承思路与模式的科学系统化构建提出了新的要求，如我国优秀传统文化传承创新工作逐步与文化创意产业、精准扶贫事业、乡村振兴战略实现有机结合，不仅为树立民族文化自信、实现中华民族伟大复兴的中国梦凝聚了精神力量，而且在打赢脱贫攻坚战、完成决胜全面建成小康社会各项任务中起到了重要的助推作用。

文化是一种生活形态，创新设计是一种生活品味，创意是经由感动的一种认同，文创设计则是实现文化创意的媒介、手段或方法。现代文创应在对非遗文化的探索及理解中再现历史文物的风华，透过文化创意的语意再现传统文化情怀，以丰富现代消费文化形态。

文创是外在物质载体，文化精神是其内含的活的灵魂，文化传承和创意设计存在休戚相关的密切联系。"文化+创意"离不开"守真+创新"的传承开发模式，应基于文化资源本体、所在地域文脉进行文创开发，并且体现出不能轻易克隆的地域根植性和区域限定特性，为提高国家文化软实力贡献力量。一方面，维护中华民族独具魅力的特色本土文化，宣扬社会主义核心价值观；另一方面，在阐扬优秀传统文化价值的同时创造出巨大的商业价值。民族文化自信深深植根于中华文明传承的土壤，文化创意产业从优秀传统文化中汲取养分，产出了产业结构优化升级、劳动就业细化转型、文化生活创新完善的硕果，从而拉动经济发展、延续历史文脉、适应时代需求，以此塑造独特的中华民族文化精神，打响文化创意招牌，增强中国文化核心竞争力与文化自信。

目录 Contents

第一章　潜行于非遗与文创之间的设计哲学　/ 1

第一节　初探非遗文创之光　/ 2
第二节　本质探究　/ 4
第三节　多彩分类　/ 6
第四节　价值精髓　/ 10
第五节　传统与现代的桥梁　/ 11
第六节　发展风貌与现状剖析　/ 17

第二章　融合与创新：非遗文创设计的原理探究　/ 29

第一节　非遗与文创之间的精妙平衡　/ 30
第二节　叙事之美　/ 34
第三节　设计哲学　/ 43

第三章　实操篇：非遗文创产品设计的实践之路　/ 53

第一节　艺术的维度　/ 54
第二节　传统图案的韵律　/ 54
第三节　蓝印花布的新生　/ 57
第四节　文化的融合　/ 62
第五节　故事的探索　/ 63
第六节　现状与挑战　/ 65

第四章　案例研究：非遗文创产品设计的灵感源泉　/ 67

第一节　创意衍生　/ 68
第二节　工艺的传承　/ 94

第五章　结语　/ 105

参考文献　/ 108

Fei-Yi Wen-chuang She ji Yuanli yu Shi jian

第一章
潜行于非遗与文创之间的设计哲学

第一节　初探非遗文创之光

（一）现代发展策略

在现代社会，随着消费者主义的发展壮大，非遗文化的推广表现出强大的影响力，可以这样讲，非遗文化和商品消费紧密相连，缺乏商业价值的文化在当代市场上难以立足。所以，要保持非遗文化的持续传承，就必须适应用户需求，采用新颖的表现手法，融合进消费领域。利用"利益驱动的消费环境"，实现经济效益，从而屹立于时代进步的大潮之巅。

在全球化的浪潮中，世界各国之间的文化交流日益密切，民族特色在逐渐消失，一致化的趋势日益明显。在这个背景下，承载着丰富民族思想和文化底色的文化遗产显得愈发珍贵。文化遗产不仅是一个国家、一个民族的独特标识，更是人类文明的瑰宝。因此，保护和发展文化遗产，对于传承民族文化、维护世界文化多样性具有重要意义。

然而，在市场经济的大环境下，文化遗产的维护和延续面临着前所未有的压力。市场经济追求利润最大化，往往容易忽视文化遗产的价值。快速发展的经济和社会带来的人们生活方式、价值观的改变，也使得文化遗产的传承和发展面临巨大挑战。此外，随着科技的飞速进步，人们获取信息的渠道日益多样化，传统文化的影响力逐渐减弱，这也给文化遗产的保护带来了新的困境。

在这种背景下，如何适应现代社会的快节奏和生活多样性，构建出满足大众需求的文化产品设计、制造及保育方式，成为现阶段文化遗产研究者关注的焦点问题。首先，我们要深入挖掘和传承文化遗产中的民族优秀传统，将其与现代生活方式相结合，创新出具有时代特色的文化产品。其次，要注重文化遗产的活化利用，发挥其在社会、经济、教育等方面的价值，使其为现代社会服务。最后，要加强文化遗产保护的立法、执法和宣传教育工作，提高全社会对文化遗产保护的意识，形成有利于文化遗产传承和发展的良好氛围。

《中华人民共和国非物质文化遗产保护法》的宗旨在于维护和传承中华民族的杰出文化遗产，同时推动社会主义文化精神的繁荣发展。该法律的制定旨在加强对非物质文化遗产的保护和记录工作。国家通过正式认定、详细记录和系统归档等手段，确保这些文化遗产得以妥善保存。此外，对于那些能够代表中华民族文化精髓，并且在历史、文学、艺术和科学领域具有重要价值的非物质文化遗产，国家将采取积极的传承和推广措施，以确保其得到有效的保护和传播。这为非遗文化的保护和传承提供了法律保障。

面对当前世界趋于一致化的趋势，我们应该高度重视文化遗产的保护和发展，积极探索适应现代社会需求的文化产品设计和保育方式。只有这样，才能使文化遗产在新时代焕发出新的活力，为民族文化的传承和世界文化多样性的维护做出贡献。通过法律法规的保障和社会各界的共同努力，中国非遗文化将不仅在国内市场上占据一席之地，更将走向国际舞台，展现中华文化的独特魅力。

（二）创新价值

　　文创产品被归类于文化创意经济领域的一部分，根据联合国教科文组织的定义，它主要包含三个部分：文化产品、文化服务和智能产权。毫无疑问，文创产品的核心在于它们所表达的内容及其呈现形式之间不可分离且紧密相连的关系。设计师或者技艺传授者利用文化元素作为灵感来源，在精神层面对这些元素进行创新和重新塑造，从而生成设计的策略并产生实用且富有创意的产品，同时也赋予了产品丰富的文化含义和象征意义等附加价值。由此看来，文创产品就是融合了文化、创意和产品三个元素的结果。文化可以理解为"人类社会所有的思想和行动"，它是随着社会的发展逐渐演变出来的各种精神活动的总称，其中涵盖了传统的习惯、价值观、美学情调等。每一个地区或种族都有其独特的特性，其文化属性和文化认可的方式也各异。所谓创意，就是指一种创新的思考模式，强调的是个体的差异性和新鲜度，这是用更新换代的手法去提高文化价值的一种方法。最后，产品是一个集实体物件和服务于一体的工具，它的存在是为了满足人们的实际需求。三个元素在理论上相互联系并整合，构成了有效的进步策略。非遗文创是一种基于非物质文化遗产项目的创造和发展行为，它利用非遗文化和创新思考把独特的文化内涵转换成最大的继承价值，以此生成能满足当前消费者需要的产品。随着技术的进步，文创产品的新颖度得到了提升，文化、智慧（创意）和科技的三位一体使得非遗文创有了更先进的技术支持。相较于传统的艺术作品，非遗文创的特点在于从传统文化中汲取灵感，重新塑造，用适应时代的表达方式呈现出来，这可能包括新媒体或新型材质等。所以，设计师在解读文化理念时可能会适当地运用当代科技，以便创建有时代感和创新性的物品。在这个过程中，一些传统文化被赋予了全新的含义，成为现代社会的象征。文创设计师就是根据这些新的文化标志去制作能够打动现今消费者内心的产品，刺激他们的需求，进而激发他们的购买欲望。尽管部分非遗文创产品并非日常用品，而已成为收藏品，但它们包含的文化意蕴及精神内核仍然给顾客带来了一种快乐的购物体验。这种文化的一致性和差异性使人们彼此和谐相处，同时彰显着各自的特色。只有当个体展示出足够的创作才能，文化创新和传播才能真正发挥其价值。非遗文创产品的设计就是在时代变迁中为传统文化和现代人提供一个交流对话的机会，以达到文化传承的目标。

　　从非物质文化遗产出发来创造新的文化创意产品是具有市场前景的，然而这样的延伸并不能仅止于简单的叠加，而是需要理解非遗的核心价值——这也是连接非遗和文创产品的关键所在。经过深思熟虑创作出来的文创产品不仅能展示非物质文化的特性，还包含创新性和实用性。对于中国的文化创意产品设计而言，我们应该追求独特的精神面貌和风格，同时要融入我国悠久历史中的智慧和内涵。身为一名中国设计师，除了熟练运用设计技巧和工具外，必须对传统的图案符号及其背景有所了解，明白它们的起源、意义和制作过程。设计只是一种手段，就像一个盛装内容的容器；把传统文化和民间艺术融合到设计里，便给设计赋予了独具地方特色的活力和吸引力。邀请非遗传承人进大学学美术设计的方法确实有一定的风险，相对来说，教授有关非遗的知识，特别是剪纸、陶瓷、皮影戏、蜡染、年画、木工等手工艺类非遗的相关知识，更为合适。希望设计师能够学习各种传统的手工艺技能，借助多元化的创意设计方式，使这些历经千年流传下来的无形文化在当代的文化创意产品设计中焕发新生，这就是中国文创设计的成功之路。

　　越来越多的个体视传统文化为一种文化资产，他们相信传统文化能够实现由文化活动到文化产品的发展，并且文化创新行业被视为当前推动这一变革的关键手段之一。非物质文化遗产代表着艺术珍藏，同时也具备转化为商业产品的可能性，这有助于创造实际收益。非物质文化遗产和文化创作延伸产物均展现了动态化的文化制造过程，这是一种以保护为主导的生产方式。

第二节 本质探究

（一）地域性与民族性

非遗文创产品具有显著的地域性和民族性。基于地理位置而产生的当地文化，是该区域内社会和民族生活方式、政治制度、经济发展及信仰系统等多种文化形式的表现，并展示了当地群体的艺术风格和生活习惯及其价值观的基础来源。对地方文化的设计创新应同时考虑两方面：一是如何实现本地化，二是如何保持传统文化的延续性。这实际上也是一种生态环保设计理念。由于各地区的文化都有差异，因此它们的文化空间也会有所区别，并且其文化资源也有各自的特点。然而，各个民族在文化源头、语言标志、民间习俗、价值观和美学追求上存在着共通之处。例如，虽然长江流域和黄河流域的文化可能会有所差别，但它们都是中华文明的一部分；江西和安徽的文化虽有差异，却同样归属于长江流域文化。

贵州印象文创设计见图1-1。

图1-1 贵州印象文创设计

全球化时代下，只有具备民族性的艺术才能被视为国际化的艺术。民族文化的特殊性有助于维护全球文化的多元性。所以，在设计制作文创产品的过程中，我们应从地方文化或者民族文化中提取共同点与特性，深层次理解其内在含义，强调地区的自然景观和人文环境，从而塑造独特的作品形式，以更好的方式传播并保护本地文化和民族文化。例如，设计师运用贵州苗族图案元素进行了创新设计，创造出了既体现区域特点又富有民族气息的作品，同时可满足当代审美的需求，兼具收藏性和实用性（见图1-2）。

图1-2　图案创新设计

（二）纪念性与实用性

非遗文创产品具备纪念性和实用性的特性。一般而言，游客购买的旅游商品被视为纪念品，而这种承载了记忆和回忆的物品是人类生活的一部分，它连接着人们的感情。毫无疑问的是，非遗文创产品能唤起消费者内心的文化共鸣，这对其在商业及文化领域的推广都产生了重要的影响。而在那些注重美学的地方，相比实际使用功能，人们往往更加看重产品的艺术形态及其所传达的情感信息。有时，文创产品的实用性并非必须考虑的问题，然而，这是设计者需要重视的关键因素。

（三）时代性与传承性

对于非遗文创产品来说，其特性包括了时代的进步性和历史文化的延续性。富有创造力的作品能为消费者带来更深层次的精神享受并提高他们的购买意愿及满意度。非遗文创设计的优点就在于它可以借助独特的构思来促进人们对中华文化和中国精神的深度感触，进而使得非遗文创产品具备更大的增值空间，并且能让顾客认为它的售价合情合理。与此同时，为了避免文物、传统技艺失去活力的情况发生，我们在继承它们的时候也应该考虑到当前人们的审美需要，以保持它们与现代社会的联系。另外，设计师要紧随潮流的步伐，不断更新自身的设计理念，以便设计的产品更好地融入现代社会生活中。在积极推动全民族优秀文化成果大发展和大繁荣的时代背景下，当今的中国涌现出一批既具有古典韵味，又不失青春活力的电视节目，比如央视制作播出的热门综艺——《国家宝藏》等。这些节目受到了观众的热烈欢迎，其中最主要的原因之一便是节目制作者在策划过程中始终坚持同青年人交流对话的态度。因此，要想把中华民族优秀的文艺精品推向世界，就必须要充分认识自己的特色并在全球化的语境下去寻找自己独特的位置。在中国悠久的历史长河里，孕育出了独一无二的精神文明及审美标准。这种独特的审美标准并不仅仅局限于地理位置，而是在全球范围内得到了广泛认同并不断发展。现在正是一个绝佳的机会——让中国人民重新认识自己的"精气神"，以展现当代中国的时尚风采和生活态度。

第三节　多彩分类

2000年，中国共产党的第十五届中央委员会第五次全体会议采纳了《中共中央关于制定国家经济和社会发展第十个五年计划的建议》，在其中首次界定了"文化产业"这一概念。随后，在2004年，国家统计局首次公布了《文化及相关产业分类》，对文化产业进行了系统性的分类，并界定了其定义和范畴。随着我国文化体制的重大改革，国家统计局在2012年更新了《文化及相关产业分类》，新增了包括广告、数字内容和专业设计在内的"文化创意与设计服务"类别，并在文化艺术服务中增加了非物质文化遗产保护服务。到了2018年4月，国家统计局进一步修订了这一分类，将其细化为文化核心产业和文化相关产业两大类。文化核心产业涵盖了新闻信息发布、内容创作与生产、创意设计服务、文化传播渠道、文化投资与运营，以及文化娱乐休闲服务等多个方面。文化相关产业则包括文化辅助生产、中介服务、文化装备生产以及文化消费终端生产等。

（一）文字图形类

中国的语言文化丰富且悠久，这从鲁迅先生对汉字的三种美的赞誉可以看出——音美以感耳，形美以感目，意美以感心。这种独特的美学魅力吸引着世界各地的设计师们为之痴迷，他们不断尝试将汉字运用于平面广告设计之中。近些年来，人们对汉字艺术的热爱与设计的进步相结合，使得许多优秀的汉字类文创产品应运而生。

例如，"朕知道了"纸胶带（见图1-3）作为台北故宫博物院推出的文创产品，被视为两岸开始探索"文创"道路的关键象征。该款纸胶带以黄白红三色为一组，创意设计简单明了又极具视觉效果。"朕知道了"这4字简单却又霸气十足，这正是康熙皇帝真迹的复制品，因康熙在批阅奏折时，最爱在文末朱批"朕知道了""知道了"，所以台北故宫博物院将其霸气字迹与纸胶带相结合，推出了这款文创产品。该品秉持"以

图1-3　"朕知道了"纸胶带

故宫典藏为源"的博物院文创原则，又一反皇家严肃端庄的传统印象，依托亲民产品的亲和力，特别受到年轻人的喜爱，引发了前所未有的收藏热潮和网络热议。

除此之外，设计师以古时官员的出行仪仗为灵感，设计出了"回避""肃静"创意苍蝇拍（见图1-4）。这款产品利用民间剪纸的形式呈现，并使用了红色和黑色这些较为正式的色彩，不仅具备实际功能，也兼具文字警告的作用，同时带有一种冷峻的幽默感。

图1-4 "回避""肃静"创意苍蝇拍

概括地说，许多设计师倾向于使用具有象征意义和清晰字体的传统书法作为文字图形类文创产品的主要元素。他们会选择那些书写流利且易读的书法样式，并利用诸如叙事、简约化、摘录、比较和粘贴等当代设计技巧来创造简洁明了的视觉效果。这种方式既能有效地传递传统文化的内涵，又能提炼出中国传统美学的精髓。文字图形类文创产品兼具实用性、艺术性和独特的趣味性，并具有一定的文化底蕴。除了增强商品的吸引力和影响力外，文字图形类创意设计还能够满足年轻人对消费体验的需求，帮助其获得幸福感，同时激发公众对中华传统文化的热爱与尊重。

（二）图案图形类

在众多文创设计中，最常见的是对图案和图形的创新设计。比如，北京故宫博物院利用中国古代文化创造出有深厚历史底蕴的旅游纪念品（见图1-5）。"如朕亲临""奉旨旅行"行李牌/公交卡套就是其中之一，其创作灵感来源于古代官员的腰牌。腰牌是古代官员日常所佩的身份符信，相当于今天的通行证，因系挂于腰间而得名。首先，设计师从传统的腰牌上抽取了关键的设计元素，包括龙纹、吉祥云彩、楷体文字等；其次，采用现代技术手段，把这些古典元素转化为平面的视觉效果；最后，采用便携式设计，"腰牌"既能当行李牌，又能当公交卡套，这不仅符合人们的实际需要，也满足了个人的审美偏好。同样，上海、南京、苏州的三家博物馆都选择中国的国粹——景德镇青花瓷作为设计的源头，对青花瓷独特的图案纹样进行了简化处理，使用青色为主色调，制作出各种类型的文创产品——涵盖了餐具、茶具、首饰、文具等多种类别。

图1-5 北京故宫博物院文创产品

陕西历史博物馆精心打造了一系列以秦朝兵马俑为原型的超活化战斗兵马俑模型（见图1-6），以及以唐代彩绘散乐浮雕为灵感的超活化唐代仕女模型（见图1-7）。这些文化创意产品巧妙地融合了古代美学与现代设计理念，使得历史人物仿佛跨越了时代的界限，以一种新颖而富有趣味性的方式呈现在人们面前。河南博物院推出的"妇好鸮尊"纸雕灯系列，是在保持古代青铜器妇好鸮尊的原始形态的同时，通过纸雕艺术的手法，创造出的具有立体感的装饰品，消费者还可以根据自己的喜好对其进行上色。这种将文化遗产与现代生活紧密结合的创新方式，让文物走出了博物馆的展厅，成为人们日常生活中的一部分，实现了文化、艺术与商业的完美融合。

图1-6 战斗兵马俑手办

概括来说，我国博物馆推出的文化创意商品大部分是通过直观地抽取馆藏文物的具体形状、图案、质感等要素来设计的，并利用当代审美对传统的装饰风格进行了简约描绘，从而推出多种多样的创新型艺术品。这种呈现方法既简单明了，又具有独特的美感和强烈的吸引力，同时能真实再现古代文化。

图1-7 唐代仕女手办

（三）文化内涵类

"上上签"牙签盒（见图1-8）荣获德国红点奖，它是一个融合了中华传统文化的便捷牙签盒。该产品的名称是主要视觉元素，它的独特性和人文气息使人想起中国的祈福文化，体现了深厚的精神内涵。首先，"上上签"牙签盒的外观设计灵感来自古老的中国建筑——天坛祈年殿的攒尖式屋顶，它是祈福文化的典型代表；其次，包装内的牙签寓意着建筑物的内在支撑结构，反映出"墙倒屋不塌"（即中国古典建筑的墙壁并不承担重量）的概念——即使牙签用完了，精神仍然存在。牙签盒颜色采用中国传统的黑色与红色搭配，其中内屉设计为中国红，意味着其可以幻化为安身立命、保佑平安的护身符。"上上签"牙签盒只能放置七根牙签，源于中国传统的"七上八下"的观念，七为上，八为下。"上上签"牙签盒的设计渗透了悠久的东方文化，它将设计的本源回归到人们对幸福和美好事物的憧憬。这种设计引导人们随时携带牙签，积极地加入环境保护行动中。

图1-8 "上上签"牙签盒

所有设计灵感都源于中国的传统文化元素，经过抽象化的转换后，它们被用于表达产品背后深藏的价值观。这种方式使得传统文化的核心内容融入产品的视觉表现中。这类文创产品不仅展现出了浓厚的中华文化气息，还使消费者对之产生亲近感，实现了实用性和艺术性的完美融合。

第四节　价值精髓

非物质文化遗产（简称"非遗"）包括我们通常理解为有形的物质遗产，但它们的核心在于其非物质特性，也就是它们主要依赖于实践活动、演出艺术、演示方法、知识和技能来体现自身价值。虽然如此，我们必须承认，在文化的传递过程中，有时也需要借助一些具体的物品（如相关设备、器具或制品）来保存文化信息，因此这部分物品也是非物质文化遗产的一部分。然而，需要注意的是，尽管有些非遗项目可能涉及具体的有形物品，但实际上这些东西只是承载着非遗信息的媒介而已，并不代表整个非遗项目的全部内容。

现代化进程中不可避免地出现了一体化的现象，这使得各国的文化和技术交流日益频繁且深入。在这个背景下，对于传统文化的学习变得至关重要——这就是为什么我们要学习并理解"非物质"这一领域的原因所在。根据该领域的理论基础可以看出"非遗"的以下几个关键特征：①持续性的传递（tradition）；②社群参与度高（sociality）；③难以捉摸的存在形式（invisibility）；④多样性和动态变化性（plurality and vitalism）。第一点强调的是任何一门艺术都需要经过长时间的发展才能形成自己的特色，而这种发展过程是通过代际间的传播得以实现的；第二点说明所有人类文明的基础都可以追溯到社会的存在形态上，因此所有的非物质文化也同样如此；第三点则表明，由于历史原因，许多古代文献已经失传或者无法解读的情况时有发生，但是我们可以借助现存的一些实物证据去推断当时的历史情况和社会状态，从而达到复原的目的；最后一点告诉我们，在面对各种不同的民间信仰和生活习惯的时候要保持开放的心态，尊重他人的选择而不是强行干涉其生活模式。

作为一种独特的财产类型，"非遗"拥有不可替代且无法复制的特点——它的存在基于长期积累下来的经验知识及技术成果；同时，"非遗"具备独特的时间属性——它是通过一代又一代人的努力才得以保存下来并延续至今的一种宝贵财富。因此，"非遗"不仅包含了一种特定的社会现象或者生活方式，还蕴含了一个时代的精神风貌和社会变迁的信息记录。

在这个日益国际化的世界里，维持文化的独特色彩及多元形态变得至关重要。把传统手工艺融入现代设计理念是一种有效的中国传统文化创造性转化和创新性发展策略。由此，本书提出了"非物质文化遗产创意产品"（以下简称"非遗文创"）这个新名词，它是指利用非物质文化遗产作为创作素材的产品设计方案。在这其中，"非遗文创"通过保护并发扬这些独特的文化和艺术形式，构建了相互促进、相互作用的关系。而之所以能实现这一目标，其核心就在于我们对那些被视为珍贵的传统的尊重——这是我们所强调的重要观点之一，即坚持传承下来的真实本质的重要性。将古老的手工艺技巧转变成为富有想象力的当代作品的过程中，总会出现一些新的元素；然而无论如何演进都无法脱离核心原则——坚守真实的品质。这就是为什么我们要坚持"本真"——这不仅是我们对待古代智慧的方式，还是一种约束力——我们必须遵循这样的规则去完成每一项工作。只有这样，才能成功地让一门即将消失的技术重新焕发活力，并且获得更高的社会认可度。

对于大英博物馆的文化创意产品开发主管约翰·罗伯特来说，他坚持的原则就是防止因追求时尚的设计元素而使得产品的品质显得低劣和缺乏文化内涵。只有坚守文化的真实性或者说本质特性，才能确保文化的精华得以保存，那就是人们的精神寄托之地。

众多形式各异并涉及非遗元素的创意产品中，有些以非遗元素中的形状图样为基础，有些则汲取其文化的深层含义，还有些则借鉴其独特的技巧。部分创意产品可能同时包含这三点，也有可能仅选取其中的一两项。一些设计人员在构思创意产品的过程中，可能会倾向于选择利用非遗的形状图样及文化内蕴，因为这样更容易实现大规模制造——然而这也容易引发抄袭问题。当前社会对知识产权的保护还不够完善，简单的外观往往缺乏无法突破的技术屏障。这类产品的主要功能在于推广非遗，而对非遗传承人而言，一般不会带来太多实际利益。不过，假如传承者自己担任设计师，情况就会有所改观。如若设计师能够携手非遗传承人或者手工艺者共同创作，并在关键步骤上保持传统的手工制作方式，把传承人和手工艺者视为创意产品生产的中心人物，不仅能在极大程度上防止盗版现象的发生，还能提升手工艺者的经济收益和社会地位，使得每款产品都融入独特的手工痕迹，并且拥有手工艺者独具特色的标记——他们的卓越技能能让产品具备更高价值。因此，非遗传承人和手工艺者在从事手工制品的生产时，将获得应得的报酬，包括物质方面的回报和精神层面的回馈，这对非遗的延续及相关创意产品的进步有着极大的影响。

作为一种动态的并随时间的推移发生转变的存在，非物质文化的特征在于它的流动性和不断演进的过程。关于对其维护方法的研究，Lu Pingtian 提出了以下观点："我们应该思考的是，怎样才能让这些传统的技能不仅能够持续更新，而且不会失去它们的核心理念及人文内涵。我们又该如何巧妙地运用它们来推动技术的进步，而不使它们退步甚至扭曲它们的本质属性及其外形结构呢？这正是我们在实施此类保存策略时必须深思熟虑的问题之一。""这即是说"，他继续说道："由于历史原因和社会环境的变化，一些传统文化逐渐消失殆尽的同时也催生出新的文化和文明。"因此我们可以看到，许多古老的手工艺术正在被现代科技取缔并且已经失去了原本的功能价值，但是与此同时，也有很多新兴的技术手段开始融入手工制作当中，从而为这一行业注入了新鲜血液，也带来了更多的商业机会。

第五节 传统与现代的桥梁

（一）非遗的驱动力

一般而言，我们认为非物质文化遗产的变化是由继承者推动的，然而这并非一成不变，有时继承者和设计师之间的界限可能会变得模糊不清。部分情况下，尤其是涉及工艺美术的项目，继承者也会承担设计师的工作，并且有些从事工艺美术的人士还具备企业家、跨行业投资者或艺术家等多重身份。这些企业家和艺术家会把非物质文化遗产视为自己作品的起源，他们的某些产物被纳入了非物质文化遗产的范畴并得到了学者和社会公众的认同。近些年，文化创新产业成为社会的热点话题，许多设计师开始参与到非物质文化遗产的研究中，试图通过对非物质文化遗产及其相关主题的设计来创造新的文创产品。

本书深入分析了非物质文化遗产（以下简称非遗）的保护与传承、传统工艺技术以及现代设计创新之间的内在联系。这三者的紧密结合是创造具有民族特色、实用性和艺术性的文化创新产品的关键。如图1-9所示，非遗研究、工艺技术与设计创新共同构成了一个协同发展的网络结构。非遗研究与工艺技术的相互作用，旨在维持文化传统的活力并确保其传承，无论是古代的手工技艺还是现代科技，都根植于非遗深厚的历史底蕴和先辈的智慧。同时，非遗也需要从这些技术中汲取灵感和营养。工艺技术能够借鉴设计创新的理念，利用历史知识指导现代实践，并通过创新材料和方法使非遗适应现代社会的需求。非遗研究与设计创新的结合，体现了一种前瞻性思维：非遗应当与时俱进，不断演化。这不仅能够增强其在社会文化中的影响力，还能为本土设计领域带来创新的契机。

非遗研究、工艺技术和设计创新之间的联系见图1-9。

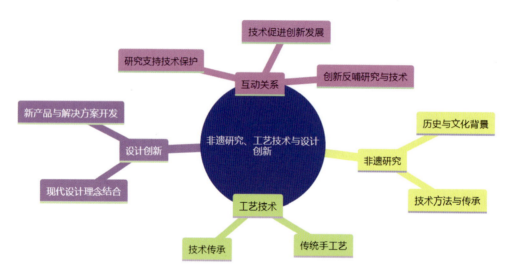

图1-9　非遗研究、工艺技术和设计创新之间的联系

"保护就是根本，发展的关键在于创新"这一理念表明了非遗保护对于推动非遗发展的重要性。然而，非遗因脱离现代社会进步进程而遭遇生存威胁。为了应对这个挑战，我们需要找到一种能适应当前时代的非遗价值体现。作为一种动态且持续传递的文化形式，非遗有能力自我更新以适应不同的环境和社会条件。根据《保护非物质文化遗产国际公约》的规定，每个社群或组织都应通过与其所在的环境、自然的互动及历史背景的变化来实现这种世代流传的非物质文化遗产的创新。非遗内涵、技术工艺的变迁，以及传播展示方法和渠道的调整，都可以被视为对其进行创新的研究对象。其中，非遗的内涵及其技术工艺是最核心的部分，因此它们的改革引发了很多学者的争论。

研究非物质文化遗产传播创新主要集中在探讨互联网和新媒体对其传播的影响上。非物质文化遗产的传播已经从1.0时代的口头传递发展到2.0时代的图书、报纸、广播、电视、电影、光盘以及现今的3.0数字化互联网时代。

从大方向来看，我们关注的是如何在大背景即非遗传承环境里探索新的方法去推广传统文化；而从小处着眼，更注重特定类型的现代化工具对传统技艺的影响及效果评估，比如运用影视作品或者数字化图像等方式向观众展示传统的艺术表现方式及其背后的故事等。基于"大数据时代下的湖南刺绣遗产保育及商品开发研究"，孙舜尧和廖芳（2016年）提出了利用互联网技术的支持来推动湖南省传统工艺品发展的策略——建立大型数据库系统作为基础架构，并以此推动湖南省文化产业发展。同时，他们强调了运用现代科技手段去整合传统文化元素的重要性。

对传统文化元素的使用和创新变得更加多样化且富有弹性，这使得传统技艺能够广泛融入各种行业中并实现最大程度的发展。这也是当前各地开展非遗保护传承工作的主要方向之一。运用传统文化的象征物来建立起独特的区域标识是一种重要的方法，正如 Mao Qiaohui（2015年）所指出的那样，应以地方行政机构为主体、专家及知识分子共同协作的方式推动这一进程；他们需要通过先确定文化的根源，再逐步完善相关的礼仪制度等一系列流程，形成一种全新的地理特征或者标记体系。这个过程中也包含着民间艺术发展的历程，因此学界开始把古老的手工艺品及其相关信息扩展至更广阔的研究范畴内。

（二）传统与现代文化的精妙融合

作为一种珍贵的无形资源，非遗必须依赖于物质符号并通过一系列的实体和媒介手段来表达、传播以揭示其文化内涵。而这主要以文创产品作为载体。

1. 设计灵感的来源

一般而言，农村地区往往是各类非物质文化遗产资源的主要聚集区。非物质文化遗产资源类型繁多且各具特色，它们代表了历代流传下来的文化和历史记忆，并具备独特的地理位置、持续的历史延续性和动态变化特性。创新的关键在于新颖的创作，这需要通过独一无二的、富有价值的创意来激发非物质文化遗产的活力。同时，非物质文化遗产的保护能够为设计提供丰富的灵感和素材，从而增强文创产品的文化内涵和影响，提高它们的知名度和吸引力。把文创产业发展同非物质文化遗产结合起来，对非物质文化遗产进行积极有效的转换利用，既是一种生动的传承方法，也有利于两者同时进步。

2. 非遗文化内涵的承载

文创产品的表现形态可以是多种多样的，如手工艺品、数字产品、文化衍生品等。它们的创作应该基于非遗文化的核心理念，阐述并展示这些非遗文化的深层含义及演变历程。针对不同的非遗状况，我们需要寻找新的方法来实现创新性的运用。探索如何把非物质文化遗产转化为具有创意的产品是我们研究的目标之一。利用旅游商品的研发手段，我们可以进一步推动非遗文化的更新换代，生产出满足现代审美的旅游纪念品和延伸产品。同时，我们致力于寻求产品外观和内在价值之间的平衡点，充分发挥非遗独特的文化意义、精神力量和实用功能，以此推进文创产品的发展，提高公众对非遗文化的理解。

正如高尔基所言："一位民间艺术家的离去等同于一座微型博物馆的消亡。"近些年来，我国对于非物质文化遗产的维护已经有了更深入的理解并形成了系统的长期计划。习近平主席曾在2014年的中共中央政治局第十三次集体学习会时提及关于非遗保护的核心思想："我们要处理好继承和创造性发展的关系，重点做好创造性转化和创新性发展。" 在2016年的全国非物质文化遗产保护工作会议上，文化和旅游部原副部长项兆伦指出，在不断深入的非遗保护实践中，非遗保护的工作理念也在不断深化，近年来，我们特别强调三个理念：一是在提高中保护的理念；二是非遗走进现代生活的理念；三是见人见物见生活的生态保护理念。这些理念旨在通过科学保护、提高能力、弘扬价值和发展振兴等方式，切实加强非物质文化遗产的认定、记录、建档、研究等基础工作，确保非遗文化在现代社会中的传承和发展。

随着非物质文化遗产的吸引力和文创产品的热度持续上升，中国很多大学、公司、传统手工艺者、相关行业从业者以及博物馆的研究人员开始尝试寻找两者的融合点。大量的包含非物质文化遗产元素的文创产品在中国市场上涌现，各具特点且分布广泛。然而，当对青岛、杭州、海口、重庆、兰州等地的非物质文化遗产类的文创产品进行调查时，发现了一些存在问题的产品，这揭示出当前中国在非遗文创的设计中所遇到的一些问题。

（1）对非物质文化遗产的理解和研究往往需要较高的投入，这使得我们难以迅速深入某个特定的非物质文化遗产中去把握它的深层含义。这已经成为许多非遗文创设计中的一个显著问题，尤其是那些主要依赖图像打印的产品。当设计师们试图创作相关产品时，他们常常会过于关注外表和形式，比如图 1-10 所示的畲族手机挂绳，它仅仅是对畲族传统手工制品的象征元素进行了简单的复制粘贴，这样的作品不仅缺少美观度，也无法全面展示畲族非物质文化遗产——彩带编织技艺的风貌。然而，畲族彩带作为一种代表该民族对自然、感情和生活方式的直接反映，其中蕴藏着该民族的宗教信仰和风俗习惯等丰富的信息。如果我们在未完全理解这个民族的语言符号之前就贸然制作这类非遗文创产品，那么它们将只具有空洞的外表，根本无法展现出非物质文化遗产所具有的真正的文化和历史价值。此外，这种不足也会引发非遗文创的趋同效应，从而削弱各地区特色，阻碍非遗文创市场的多元化发展。

图 1-10　畲族手机挂绳

（2）表达空洞。在各旅游景点的特色文化商品店中，游客们常有机会欣赏到一种以自然落叶为原材料，经过精心修剪和多道工序处理，再通过绘画和剪纸技艺精心雕琢而成的非物质文化遗产——叶雕艺术作品（见图1-11）。这类作品不仅融合了微雕艺术与剪纸艺术的精髓，更体现了匠人对美的独特追求和精湛技艺，其精致程度往往令人赞叹不已。但遗憾的是，当前市场上出现了许多以流行文化元素，如名人肖像或卡通角色为主题的叶雕作品，这些作品正逐渐取代那些展现传统图案与纹样的叶雕艺术品。同样的现象也出现在剪纸等其他非物质文化遗产创意产品中。一些产品虽然使用了非物质文化遗产的外包装，却缺乏深层的文化意义。这些产品可能会误导消费者，对真正的非物质文化遗产创意产品构成竞争压力，并且有过度追求视觉冲击之嫌，因此不能被认定为真正的非物质文化遗产创意产品。

图 1-11　叶雕作品

（3）由于文化创意产业的入门条件较为宽松，并且和非物质文化遗产相关的创意产品仍在成长中，大量的创业者进入这个领域，一些设计师在缺乏非物质文化遗产传承人引导的情况下，无视非遗技巧而盲目复制技能，并把劣质乃至粗制滥造的非遗文创产品推向市场。比如笔者在市场上看到的"蜡染"的手绢（见图1-12），看起来是用非物质文化遗产中的蜡染技艺来生产的，试图展示民族特色，但是细看之下，就会发觉它的质量很差，技术水平也偏低，图案更是让人难以理解。这表明，商人在追逐商业利益时，利用非物质文化遗产的名义强行提高商品价值，不仅降低了公众对非物质文化遗产的期望值，还模糊了非物质文化遗产的核心含义，这对非遗文创产品的进步产生了消极影响。

图 1-12　"蜡染"的手绢

（4）固有的机械制造方式。在大规模产业化过程中，机械化和标准化的影响无法回避。由于机械制造具有生产效率高、成本较低且产出量大的特点，如今市场上的手工非遗制品逐渐减少。图1-13展示的是使用机器打印模仿黎族织锦的情况，这与由熟练工匠精心打造的黎族织锦（见图1-14）存在显著差距。黎族织锦的设计灵感来源于黎族女性对生活的理解和对大自然的热爱，其图案简洁明快，线条细腻流畅，具备很高的审美价值。反观之，机器所能模拟出来的仅是最基本的纹理，远远达不到人工制品的精致程度。我们并不反对利用机械技术来生产非遗文创产品，但为了追求利润而不惜长久出售这种单调的批量产品的行为确实令人质疑。非遗文化和文创的融合并不仅仅是简单的叠加，也并非所有非遗都能与文创完全匹配，因此我们必须根据实际情况做出判断，充分发挥创造力来解决问题。

图1-13 使用机器打印模仿黎族织锦的情况

图1-14 熟练工匠精心打造的黎族织锦

第六节　发展风貌与现状剖析

（一）国内文创产品发展概览

在新经济发展的大背景之下，消费结构不断转型升级，消费形态逐渐由商品消费为主向商品和服务消费并重转变。以前消费者多关注商品的功能、样式等，现在消费者更加关注商品所能带来的审美体验、情感联结以及身份象征。这是一种全新的价值取向，强调的是让顾客产生一种从未有过的独特感觉，并对商品形成深刻印象；不仅要激发顾客的购买欲望，还要有效提高他们的满意度。因此，根据市场需要设计的文创产品已经成为当前商业发展的关键驱动力之一。为了更好地实现这一目标，我们在研发过程中应全面考虑所有可能影响市场的因素，比如职业类型和生活环境等，这些都会直接或间接地影响顾客对某种特定文化的接受程度。同时，我们应该充分利用各种先进技术手段去分析研究潜在的市场机会，以便及时调整我们的策略和方向，使之更加适应未来社会的实际需求。总之，唯有那些真正能够触动人心的作品才有可能赢得广大公众的支持，并最终取得销售上的巨大成功。

尽管我国文化创意产业的起步较晚，发展相对滞后，但近些年其增长速度惊人，已经展现出超越西方先进国家的趋势。我国文化创意产业的发展受益于政府的支持，包括政策制定及基础设施建设的投入。在政策激励下，许多城市创建了文化创意产业集聚区，例如北京 798 艺术区、北京尚 8 文化创意产业园、上海 M50 创意园以及青岛创意 100 文化产业园等。

在中国首个提倡且成功实践文化创造力发展的区域中，我们看到了来自香港地区的有效参考：其效仿的是英格兰利用其独特的策略来促进文化和商业的发展。20 世纪 60 年代，由于专注于大力推进劳动集约型产业发展，该地区在很短暂的一段时间里实现了经济高速发展，从而迅速成为领先世界的亚太繁荣地区之一。基于这样的背景，早从 1995 年开始，就有了"把工业转化为文艺"的说法；到了 2001 年，"创作出新的东西"被确定为主题词，用来引导当地的设计行业走向更高的层次；到 2009 年，又出现了名为"新颖的东西"的计划，用以进一步指明本地设计的进步方向。除了香港之外，也有来自台湾的有效参考。这其中最典型的例子就是位于台北市的松山区（见图 1-15），这个地方曾一度因为日本殖民统治而变得荒凉不堪，但后来经过人们的一番努力焕发出了勃勃生机，并且重新恢复了自己的魅力。这里面最为引人注目的要数那些人文氛围浓郁的工作室，如"Taiwan Creative Center"，此外，"诚品书店"等企业的入驻在一定程度上带动了整个社区的新一轮复兴浪潮。

在台湾的文化创意产业领域，占据主导地位的主要有广告业、出版业及产品设计和视觉传播设计等行业。1986 年开始，台湾实施了自由化、国际化和制度化的经济转型，这推动了以工业设计为核心的设计行业的整体进步。这使得台湾的设计行业领先于亚洲。几十年来，依靠强大的经济基础、开放的互动氛围、对产业文化和遗产资源的合理利用、对传统文化的有效维护以及相对发达的艺术教育，台湾已经建立了相当完整的文化创意产业结构，现在正在经历文化创意产业的更新换代和转型。

图 1-15　台北市松山区

2018年，海峡两岸（厦门）文化产业博览交易会（见图1-16）举办期间，台北市立大学教授、中国美术学院客座研究员李永萍提出了名为"文创+"的理念，该理论主要致力于结合网络技术来推动创新型城市构建过程中的实体经济发展与提升。李永萍强调：我们已经进入了所谓的"大文创"时期，这意味着我们的文化和创造力不仅仅局限在产业发展这个层面上，而是更深层次的一种赋予行业力量的能力体现。近些年来，无论是大陆还是台湾地区，都在积极探索如何借助文旅业的发展带动社会进步。在为实现这一目标所采取的一系列举措中发现了一个共同点，那就是把重点放在打造具有多样性和多功能性的新型综合体（比如那些拥有丰富传统元素的新兴商业区域）上面。此外，为了更好地推进这些项目的实施进程并且确保它们能够达到预期效果，政府部门专门设立了一些工作站点，以便让更多的艺术家参与进来，并对本地居民提供必要的培训服务，从而进一步加强他们的创业意识和服务水平。专业的社区营造工作室的团队对每个店铺的历史进行了详细记录并将其转化为数字格式，形成了"文化地图"，这使得信息能够以清晰易懂的形式展现在公众面前。同时，该工作室的设计人员专注于利用展览来收集数据，他们根据材质和客户需求等因素，创造出了具有地域特色的、价格亲民的文创产品。然后，投入大量资金对这些经过挑选的满足现代人需要的产品进行大规模制造与推广，从而有效降低了创新项目的失败率。

图 1-16　海峡两岸（厦门）文化产业博览交易会

"大稻埕"是位于台北的著名商业和人文聚集区域，其建设开始于18世纪50年代，拥有深厚的历史底蕴。然而，随着市区的发展和转移，它已成为一处古老的历史街区。在这里，闽南风格的建筑、现代设计理念及巴洛克式结构共生共融，共同塑造出独特的城市回忆。在这片区域中，既有传统商店，也有一些新的品牌入驻，这些店铺里除了展示本地的文创商品（见图1-17）外，还设有茶馆、咖啡屋、书店、展览和体验场所等多种类型的综合空间。此外，文创实体的经营采用了混合型和多功能的形式，提供如非物质遗产文化体验、旅游休闲、创意培育等多项服务。通过青年文创设计师的服务，那些原本缺乏文创意识的店铺得以成功地把台湾的传统文化融入当代创新之中。这种做法有效地保护了民间文化，对台湾的旅游业产生了巨大的推动作用，创造了一种艺术与商业相得益彰、创作精神与公众消费完美结合的新格局，展现出强烈的地方文化特点。

图1-17　本地的文创商品

（二）国内新兴消费趋势的洞察

伴随着购物文化的发展和进步，消费者们开始寻求更高质量的服务和生活体验。针对这种新型消费理念，各企业越来越重视自身的品牌建设。当前中国文创产品种类繁多且存在严重的同质化问题，因此，建立企业标识对于提高品牌辨识度进而增强企业竞争优势至关重要。近年来，一些创新型公司已经在中国市场上崭露头角（见图1-18）。这些公司通过构建新时代"老字号"的新形象来展示一种现代与古典相结合的风格，以更有人情味的方式去弘扬中华文明的精神内涵及其精华部分，并努力开发具有独特东方美学特征的高品质实用品，让古老的历史文化和艺术重新融入当今的生活潮流之中。这类公司从日常生活中寻找灵感源泉，所设计的每一件作品都富有深厚的历史底蕴，它们从独特的视角出发，利用先进的技术手段设计传统的图案元素，制作出全新的物品。此外，这类公司积极拓展网络销售渠道，同时也在实体店铺方面取得了突破性的进展。当前，产品的高品质和由此带来的满足感仍然被视为消费者关注的焦点，这是建立品牌形象的基本要素。同时，高质量的产品和服务所创造出的优秀用户体验使得消费者对品牌的认知更为深入。因此我们可以认为，高品质的产品、优秀的服务和出色的用户体验共同构建了品牌的价值系统。

图 1-18 创新型公司的文创产品

随着政府的大力推动,传统文化的热度不断攀升,大量优秀的作品应运而生,这些作品成功地把古老文化和当代时尚完美融合在一起。例如,泡泡玛特MOLLY宫廷瑞兽系列,台北故宫博物院的翠玉白菜伞、"朕知道了"纸胶带等,都展现出对故宫文化的创新。故宫文创产品"春条红包"(见图1-19)采用了可爱的卡通狮子的形象,嘴里含着新春祝福的话语;故宫口红(见图1-20)则从唐朝仕女图像中汲取创作灵感。通过这种方法,故宫的文创产品不仅融入了流行元素,还保持了一份庄严和大气,激发了年轻人的购买欲望。

图 1-19 故宫文创产品"春条红包"

相较于故宫文创的创新和时尚感,中国国家博物馆(简称国博)的文创产品更具优雅、清新之风,它们往往通过材质来展现传统文化的特点。比如使用杜邦纸和竹子制作而成的"溪山雨意书灯",其设计灵感来自画作《溪山雨意图》,合上时,是小小的一个八边形本子,拉开封面,秒变扇形书灯。又如利用《红楼梦》的大观园场景制作出的镭雕卡片(见图1-21),用光对着卡片直射,则在背景墙上可以清晰地看到大观园的景观,这种设计不仅体现了精湛的工艺,而且富有创意。国博的文创产品能够巧妙地运用中国的传统元素,自然而然地融入人们的日常生活中,既美观又实用。

图 1-20　故宫口红

图 1-21　《大观园图》四折镭雕卡片

在文化创意产业发展较早的一些国家，文创市场比较成熟，有很多值得参考的优秀案例。以日本玩具公司 MEDICOM 为例，其标志性产品 Bearbrick（见图 1-22）以熊为设计灵感，通过在色彩、图案和款式上的精心设计，实现了潮流元素、街头文化和电影的跨界融合。Bearbrick 还与众多知名艺术家、设计师和流行品牌合作，创造了一种独特的时尚标识，广受市场好评。同样，法国卢浮宫的蒙娜丽莎系列艺术衍生品和大英博物馆的小黄鸭系列产品，都是基于当前市场趋势，设计出的既满足当代需求又具有独特文化价值的文创产品。然而，尽管文化创意产业在全球范围内蓬勃发展，中国的文创产业却面临创新不足和过度追求经济利益的双重问题。一些文创产品，如印有青花瓷图案的 U 盘和绘有山水画的马克杯，简单地将传统图案附加于产品上，缺乏创新，导致产品同质化严重，难以满足市场的实际需求。在设计过程中，我们不能局限于传统的设计方法，而应努力改善单一的设计手法、狭隘的载体选择和实用性不足的问题。设计师需要深入挖掘中国丰富的传统文化资源，积极探索适应新时代的创新设计方法。将文化元素巧妙地融入日常生活用品中，可以提升民族自信心和文化认同感，使文创产品不仅仅是商品，更是文化的传播者和民族精神的体现。

图 1-22　日本 MEDICOM 公司的积木熊 Bearbrick

借助于对古代艺术品的研究及对历史情景的展示，博物馆内的文化遗产不仅具备深厚内涵，还具备人性的温暖。这些展出的物品已不仅仅静默无言地存在于展览厅中供游客欣赏，它们开始有了自我表达的能力，并能向公众展现它们的独特魅力。苏州博物馆推出了一些融合传统手工艺的创意商品，比如运用刺绣技术结合折扇制造出来的精美画卷型扇面（见图 1-23 左图）和由精致的手工织物制成的钱夹（见图 1-23 右图）或钥匙扣等日常用品，以及琉璃吊坠等（见图 1-24）。

图 1-23　刺绣折叠扇面与手工织物钱夹

非物质文化遗产技术包含了匠人们的创意和专注精神，这在当前快速发展的社会和快节奏的生活模式下尤为稀缺。匠人们运用独特的手法、高超的技巧，结合中华传统文化，创造出具有特殊风格的博物馆创新产品。此外，这些非物质文化遗产技术及相关文化也在博物馆创新产品的诞生过程中被公众所认识，并逐渐渗透到我们的日常生活中。这种结合了非物质文化遗产技术及中华文化底蕴的博物馆创新产品展示了我国古代工艺技术的卓越成就，体现了传统文化之美。

图 1-24　琉璃吊坠

校园文化创意产品（见图 1-25）被视为联系学生和学校之间情感的纽带，其同时能够满足大学的推广需求，从而创造收益，具备一定程度的文化和记忆属性。这些产品充当高校的思想传递工具，涵盖了一所院校的教育观念、环境特征、价值观和生活方式等多种元素。至于它们的回忆特性，主要表现在能展示校园的风光特点及其地理位置方面，也包含实际应用性和审美性的因素。

图 1-25　校园文化创意产品

博物馆记录了人类及其环境的发展，收集、保护、研究、展示和宣传了发展过程中产生的文化资源。文创中心是博物馆在艺术分类方面细分和专业化的产物，是在博物馆的大概念下形成的一个独立的个体。以库淑兰为代表的彩贴剪纸属于国家级非物质文化遗产。库淑兰的彩贴剪纸打破了剪纸艺术以单纯模仿来传承的传统。她的剪纸作品构图大胆、色彩鲜丽，人物形象饱满，强调人物的真善美特质。中国美术馆文创中心曾推出库淑兰"幸福"系列文创产品，包括纸胶带、直尺、刺绣胸针、贴纸、丝巾、明信片、刺绣贴片等。这些产品提取了馆藏作品中库淑兰剪贴画的元素，并融入了时尚的图形和鲜艳的颜色，使非遗文创更加活泼时尚、与时俱进。（见图1-26）

图1-26 库淑兰"幸福"系列文创产品

美国著名的咖啡连锁店——星巴克，为适应各地区市场需求，会在进入新城市的特定阶段发布带有地域特色的"城市杯"产品（见图1-27）。例如，长城、外滩和趵突泉等标志性的地点都在其城市杯上被描绘成独特的图案。这是一种全球化的商业战略，也是对中华文化的独特诠释。

为满足中国市场的成长需求，星巴克在设计节日礼物时会考虑中国人特有的文化习惯。其在端午节推出的星冰粽、茶品及限定款杯子就是例证。由于中国有着丰富的茶文化史，因此星巴克也开发出融合茶味的咖啡产品，同时销售包括碧螺春在内的各种茶叶。基于品牌的核心理念，星巴克的设计小组始终紧密跟踪当地文化的独特之处。他们持续研究与创新，使得星巴克在愈发严峻的市场环境下能够保持自身的市场占有率，并在稳步增长的同时扩大业务范围。

图1-27 星巴克"城市杯"系列产品

"自然堂"这个品牌与大都会艺术博物馆展开合作,共同推出了独特的面膜套装礼盒。该产品以一种创新的方式诠释了阅读经典著作、品尝优质茶叶和敷面膜的悠闲时光。包装设计灵感来源于大都会艺术博物馆珍藏的由玛格丽特·内尔森·阿姆斯特朗创作的古董书籍封面。这位著名艺术家擅长运用各种自然元素来装饰她的作品,其中包括大量的植物元素。现在,人们可以从她那些充满生命力的水彩植物插画里找到一些实物样本,这些证明了她在艺术与科学之间取得了平衡,同时展现了女性的独特温柔。(见图1-28)

图1-28 "自然堂"面膜套装礼盒

历史记忆可以通过文创产品变得更加生动和生活化。开设纪念馆的主要目的是让人们在记住过去的同时继续前进。在设计纪念馆的文创产品时,需要重视历史事件的准确再现,强调它们的现代影响力。例如,平津战役纪念馆的收藏物提供了丰富的历史资料及显著标识。"军威·多功能尺"(见图1-29)利用该馆收藏的武器作为设计的灵感来源,从其中提炼出独特的形状元素,具备强烈的文化辨识度。同时,这款产品兼具直尺、角度测量仪、书签等多个功能,展现出了极高的实用价值。借助这种文化传播方式,那些无法忘记的历史物品已不仅仅停留在博物馆中,而成为我们的日常用具,始终陪伴在我们身边。笔者认为这是一种接近历史、体验文化和牢记过去的有效方法。

"香市"作为乌镇文旅融合的重要象征,展现了丰富的非物质文化遗产项目,如蚕桑丝织技艺、竹雕和木雕艺术品、桐乡花鼓戏、茧画、花灯编制与糖画制作等。同时,它提供了一个让游客近距离欣赏并亲自参与这些非遗项目的平台。例如,在花灯坊里,游客们有机会亲自动手制作他们喜爱的花灯;在染坊中,他们能够感受到扎染技术的独特魅力;而在竹编工作室,他们能深入了解乌镇竹编文化的精髓。这一创新型的"前店后厂"经营方式集多种功能于一体,包括体验制造、销售、文化和教育活动,从而创造出了全新的旅游形式。在这个文旅融合的时代背景下,加入非遗成分的文化旅行将为我们带来更广泛的旅游视角。

图 1-29 军威·多功能尺

(三)国外文创产品概览

法国卢浮宫博物馆、橘园美术馆以及西班牙的巴特罗之家不仅在文化衍生品的开发上有着悠久的历史,而且其产品在设计上也展现出了独特的魅力。卢浮宫博物馆被誉为"世界艺术的宝库",其馆藏之丰富,令人叹为观止。在笔者的调研中,卢浮宫的文创产品(见图 1-30)在设计上展现出了大胆创新的风格,但与此同时,它们在挖掘和利用馆内文化元素方面似乎略显保守。大多数文创产品都是以馆内的标志性艺术品为蓝本,如著名的《断臂维纳斯》和《蒙娜丽莎》,而其他馆藏作品较少被纳入设计灵感之中。尽管卢浮宫的文创产品在设计上存在一定的相似性,但它们凭借其代表性和知名度,在市场上取得了良好的销售业绩,为博物馆带来了可观的经济效益。

图 1-30 卢浮宫内的文创产品

橘园美术馆的许多藏品都是由莫奈创作的，包括他的著名画作《睡莲》等，这些艺术品被应用到各种商品上，例如丝巾和马克杯等，它们的设计元素主要来源于《睡莲》这幅画作（见图 1-31）。虽然橘园美术馆的文创产品样式较为有限，但是由于它们涵盖了多种类型，因此能够满足人们各方面的生活需求。

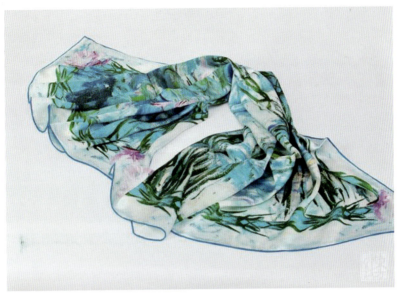

图 1-31 莫奈《睡莲》相关产品

由知名设计师安东尼·高迪设计的加泰罗尼亚现代主义风格建筑——"巴特罗之家"是西班牙的著名旅游景点之一，其文创产品则沿袭并发扬了高迪拒绝直线及角度的设计理念（见图 1-32）。这些文创产品主要以实用的形式出现，比如餐具或装饰品等；设计师并未简单地把建筑的主要特点刻画到物件之上——而是在利用其中的标志性构筑要素及其材质的基础上实现了产品的创作与其所处环境之间的协调一致。

图 1-32 巴特罗之家建筑特征及其文创产品

Fei-Yi Wen-chuang Sheji Yuanli yu Shijian

第二章
融合与创新：非遗文创设计的原理探究

第一节 非遗与文创之间的精妙平衡

（一）立足非遗的传统特征

族群属性及其区域性质对非物质文化遗产的保护起到了关键作用。族群属性指的是某个群体专有的东西，深刻反映该社群独特的精神面貌，体现了这个特殊社会团体的特殊的思考模式、智力水平、道德理念、美学认知和社会感情等方面的影响。从更直接的角度来看，服装设计风格、住宅建设方法、言语书写系统和生活实践等都有很强的族群属性。同样重要的是地区影响力，其使得不同非遗产品各有所长并保持自己的个性化优势。非物质文化遗产是在特定的地方成长起来的，它们紧密联系于相关的社会背景条件。通过研究国家级或省级非遗代表性项目，我们可以了解到非遗所在地的自然景观、生态环境状况、经济活动形态（比如农业）和其他一些日常行为规范，甚至某些传统的思想体系或者精神追求等问题都可以从中得到解答。即便是同一种技术，也会因地区的差异而产生变化，这种差别主要表现在形状结构、设计手法、符号含义等细节上。比如中国的民间艺术年画，它的产区遍布大江南北，无论是形象构思、笔触色调还是工艺流程乃至主题意义，都有着显著的差异。

各式各样的剪纸艺术在不同地区间展现出显著的功能差异及形态特征。由于北部的环境较为干燥并伴随大量尘埃，人们习惯使用耐用的纸来遮挡窗户，防止灰尘侵入。因此，大部分剪纸作品都呈现为窗花的样式。相比之下，南部的气候较温和并且空气湿润，不需要对窗户采取保护措施，所以很少见到窗花。南部地区的剪纸主要用于装饰灯笼，称为"灯花"；或贴在礼品上，称为"礼花"。

把非物质文化遗产资源转变为文创产品并不容易，仅仅依赖于互联网信息或某些图书是无法准确理解它的定位、特性及含义的。这就要求艺术家进入各民族的文化环境中亲自体验，深入社区以获得更多体会。正如古人说的那样："百里不同风，千里不同俗。"随着地理位置的不同，民族间的文化差异常常超出人们的预料，这也表明了每个群体都有自己独特的文化特点。当艺术家们开始思考如何创作文创产品的时候，应该注意不要"东施效颦"。比如，在为某地区的特定非遗项目设计文创产品时，误用其他地区同类项目的图案，就是不符合实际情况的做法。

当开展文创产品的策划工作时，艺术家们可以参考对非物质文化遗产的全面维护策略。这种方式强调的是非遗环境中的互联性和完整性。实施全面性的非遗保护意味着我们需要关注的不只是其形态和内涵，还包括它的传授者、它所在的文化和自然环境。中国地域广阔且资源丰富，拥有众多民族，不同族群、不同地域塑造出独特的艺术表现手法和风貌，这为我国的设计师带来了更重的任务和更多的发展机会。此外，设计师也能从中汲取丰富的创意源泉和创新动力。在构思文创产品的时候，设计师应该重视全局观，把与其相关的人类特性、地方特色等多维度因素纳入考虑，防止偏离主题。

（二）非遗文化的深层意蕴

如果我们把"非物质文化遗产"和"文化创意产品"结合起来，其交叉点就在于"文化"。尽管"非物质文化遗产"是一个新名词，但是它所包含的是古代民族的历史记忆。如果没有文化的融入，那么"非遗"就失去了它的精神内核；同样地，如果"文化创意产品"仅仅剩下创意和产品，也会丧失本质的核心价值。

就拿剪纸来说，它只是承载文化的媒介之一，真正的核心在于其背后所蕴藏的丰富的传统文化内涵，包括制作并悬挂这些作品的习惯方式及其所在的环境——也就是所谓的"文化场域"，还有那些经历几千年而传承下来的技巧等，都是构成这一艺术形式的重要元素。此外，我们必须注意到，所有出现在这个领域里的图案都具有特殊的意义，比如，娃娃坐在莲花上，意为"连生贵子"，表达对子孙后代生命延续的渴望；将麦穗与瓶子画在一起，即为"岁岁平安"，是对平安生活的向往；三个元宝居于画中，为"三元及第"，这是对仕途的追求；五只蝙蝠围绕一个寿字，意为"五福捧寿"，这是对长寿的渴望；"老鼠偷葡萄""鱼钻莲"就意味着男女结婚生子之意，其中老鼠、金鱼寓意男性，葡萄、莲花则寓意女性，因为葡萄和莲花可结子，即生育后代。所以，剪纸艺术的图案是人们信仰与观念、品德与情感、企盼与追求的反映，都是用寓意于形、借音达意等方法来象征形象，包含了丰富的文化内涵。

当根据一项非物质文化遗产——剪纸进行艺术品创作时，设计师必须先深度领悟其中蕴藏的丰富文化意义，并从中抽取出有关文化元素，再通过创新设计将其转化为作品。在这个过程里，设计师应尽可能保持一些文化因素的存在，以防止它们在创作阶段被弱化或者消失。图2-1展示的"祥云护角"是由台湾的叶朵公司设计的一款防撞护角，采用的是硅胶材料，它的设计灵感来自中国的古典家具四角的金属包裹物，结合了寓意着好运与幸福的传统剪纸图案（例如"云头纹""喜上眉梢""福字纹"）。通过观察这个艺术品的图像象征、颜色搭配、剪纸样式的构思原则等，我们可以清楚看到，设计师已经成功保存了剪纸艺术独特的文化内核，并且为其注入了全新的设计理念，此外，在思维方式、材料选择和功能应用等方面产生了一系列的变化，这些都是我国本地设计师探索的目标。然而，近些年，我们经常看到一些变种的"剪纸"出现在市场上，原本文化深厚且多元的剪纸艺术逐渐演变成由机器制作的单调的红纸张，其上的图案也丧

图2-1　台湾叶朵设计公司设计的"祥云护角"

失了传统文化的意义,取而代之的是各种不同的卡通角色。为迎合更多年轻消费者的需求,制造商们选择使用激光技术把这些卡通图像刻画到红纸表面或者直接利用红色油墨打印出来。这种商品并没有展示出非物质文化遗产的价值。

(三)继承非遗的匠心手艺

虽然科学技术的发展带来了各种新型电动工具和机械设备,然而对部分产品来说,手工的美感不可或缺。所以,那些强调手工艺的产品必须坚持手工制造这一核心准则。手工制造不是单一模式的反复操作,每个成品都具有独特之处,专家们能从细致的工艺中察觉到产品独特的印记和人性的温暖,这种价值无可取代。如今,有些工艺还无法由计算机来模拟,只能依赖人类的大脑和双手去实现。

中国有许多著名的刺绣流派,例如苏绣、杭绣、粤绣、汴绣、蜀绣、湘绣、苗绣等,每种刺绣都有其独特的特点和风格。刺绣工艺技法众多,其针法变化万千,各具特色,历久不衰,有些针法的细腻程度,即使用高科技手段也很难模仿出来。

尽管在现代科技的帮助下,人们已经能够使用机器快速地生产出大量的刺绣产品,但无论是艺术性还是精致程度,机器刺绣都无法与传统的手工刺绣相提并论。例如,苗绣中的破线绣(见图 2-2),在进行刺绣工艺时,首先将彩色丝线细致地分成四股、八股或更多的细丝,甚至可以细至蚕丝的程度。随后,使用绣花针将这些丝线穿过由树叶包裹的皂角。接着,采用平绣的针法,在已经贴有剪纸的底布上进行绣制。通过破线绣的技艺,刺绣图案能够呈现出更加平整和细腻的效果,图案的细节被刻画得极为精细,绣面光滑如同绸缎,几乎看不到绣线的痕迹。此外,这种技术还能够实现渐变色彩和多种复杂色彩效果的刺绣,这是目前任何机器都无法达到的手工艺术水平。

图 2-2 破线绣

机器刺绣主要运用于服饰、手提包和家居用品等领域,它的设计风格更为牢固稳定,并且售价相对较低,能够承受频繁的使用而不易损坏(见图 2-3)。如今,这种技术已经在刺绣市场中占据了重要地位。通过计算机来完成刺绣工作,可以分为精细和粗犷两种类型,它们之间的差距极大。从装饰的角度来看,机器刺绣具有一定的优势,但是需要合理地运用它。

图 2-3 刺绣吊坠

"俏色"这一概念出现在玉雕中，它要求艺术家充分运用玉石本身的特点来创造作品，这往往能把缺陷转化为创新点。这个过程依赖艺术家的创造性思维，融合了他们长时间累积的工作经验和对美学的理解。各种类型的艺术品，比如苗族银饰中，每一处花丝镶嵌或錾花装饰都具有独特的个性。然而，机械化的大规模生产难以捕捉到手工制作的精华，只有那些经过精心构思的作品才能展现出灵动之美，这是机械设备无法实现的。有些机械制作的产品质量低劣，破坏了产品原本的味道。鉴赏专家能够轻松地区分手工制品和机械制品之间的差异。如今，许多设计师和商人都对传统手工制品的设计元素进行了改良，例如图 2-4 展示的两个吊坠就是非物质文化遗产创意产品的代表作，它们分别采用了来自贵州省剑河县苗族锡绣和织金县苗族蜡染的技术。设计师从相关手工艺制品出发，对其进行了创新设计，利用它们独特的视觉吸引力，并融合了手工技巧及文化底蕴，打造了特色文创产品。顾客对这样的文创产品的兴趣源于其中包含的艺术价值，他们的文化情感驱使他们去消费此类产品。

 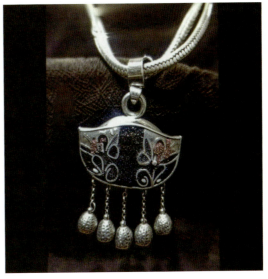

图 2-4 采用锡绣和蜡染技术的吊坠

第二节 叙事之美

视觉艺术领域的权威人士米歇尔（Michelle）关于图像叙事的三种关键元素——时间性、空间性和情节性的分类与研究非常符合我们对图像叙事的研究需要。这些元素共同构成了一部影片的核心内容，它们是通过时间和地点的变化来展现剧情发展过程的。然而，图像叙事并不总是按照固定的时间或空间顺序呈现，而常常是由这三者结合在一起并相互影响形成叙事的基础。因此，这种方式使得非物质文化遗产创意产品的创作过程中融入了时间的变化、空间的转换以及情节的设计等重要元素。由此，我们可以从这个角度出发，探讨非物质文化遗产创意设计的新颖理念。

（一）构建图像叙事的主题

叙事是设计师根据其个人理解，从个人视角出发，阐释或者描绘某个特定的事件。非物质文化遗产创意产品的创作也是这样，设计师的主观想法直接影响着最终的结果。这种主观想法其实也就是我们所说的故事的核心内容，它代表的是设计师想要传递给我们的理念。核心内容的展现关键就在于如何挖掘并塑造出叙述主体，把实用性和文化元素结合起来，简洁而有力地表达主要信息。然后，通过这些信息的传播来激发用户思考，从而进一步丰富故事的内容。

选择并确定主题作为图像叙事构建的基础至关重要，优质的主题理念能够直接展示文化的深厚含义，同时有助于提升产品的内在价值。通常情况下，一个主题的事件由主导事件和若干次要事件组成，其中主导事件负责传达主题的关键观点、剧情进展及场景描绘等方面，而其他次要事件起着补充解释作用，如渲染气氛等，这些都进一步丰富了主导事件的内容和信息量。然而，当特定情况出现时，这两者之间的界限可能变得模糊，实际上，如果符合某些标准，它们之间是可以相互转换的。"事件"是叙述艺术的核心元素，尤其是在非物质文化遗产中，创意设计产品所展现出的"事件"就成了关键因素，消费者也会因产品传递的信息而感受到文化和主题引发的情感共鸣。

对于非物质文化遗产创意产品的设计而言，我们必须深入挖掘非物质文化遗产的历史环境，了解当时的文化和现代文化有什么不同之处。这同样是构建图像叙事的基础研究方向。设计师们应以追溯非遗文化源头的方式来理解其发展的过程，这样既能确保文化的真实性和延续性，也能考虑到讲述者所在地区的感情偏好，从而使消费者产生共鸣。在此基础上，设计师可以选择适当的产品设计方案。同时，不能忽视文化在时代进步过程中所展现出的融合特性，要全面思考当代人的生活习惯和行为模式，以便选取合适的主题。实际上，主题的选择直接关系到故事元素的组成，而且故事的发展也会对主题有所诠释。只有主题和事件相互渗透、共同成长，才能够更有效地表达出产品的核心思想。

福、禄、寿杯垫（见图 2-5）是故宫推出的文创产品，这一设计符合人们对美好生活的追求。其灵感来源于蝙蝠、鹿和仙鹤这三种瑞兽，这三者被结合在一起寓意福、禄、寿，这一象征意义成功地在历史文化领域保存了下来。经过多次使用后,这三种动物形象已经成为历史空间中的符号。通过对动物形象的设计与提炼,设计师用视觉语言具体表达了这一文化主题,让使用者在使用过程中能够感受到产品所传达的祝福和非遗文化所具有的吉祥寓意。

图 2-5 故宫文创产品福、禄、寿杯垫

(二)统筹全局

设计叙事包含两个主要方面:叙事的内容和行动。叙事的内容指的是产品需要表达的故事或是在经过情节安排和场景构建之后所体现出来的主题理念,也就是"what"的部分。而叙事的行为涉及怎样组织剧情、如何塑造环境或者怎么样去阐释主题观念,也就是"how"的部分。就像文学作品中的故事线那样,整个叙事流程也遵循主题的设定,从"display"过渡至"development"再到"turnover",最后达到"end"这个步骤,前面几个阶段都是为最后的结论做铺垫。恰当的主题设定能有效地传输产品的感情,把产品的深度文化含义展现出来,这样更容易建立消费者对产品的理解。在创作过程中,叙事的主旨起到引领整体的关键作用,使叙述人能够掌控大局,制定清晰的叙事路线,以此创建有象征意义的视觉文化区域。

叙事的主线常常反映出核心观点的核心部分,它可以预示或暗示故事情节的变化或者环境的构造。各种不同类型的叙事都有各自独特的架构方式。一般来说,一种叙事主题只要求集中思考并描述一个主要概念即可;然而,如果有多种叙事主题存在,那么就需要考虑如何安排和组织这些主题事件,构建具有丰富层次的故事内容。在图像叙事里,每个独立的主题图画都可以是一个包含了特定主题的故事,也可能是通过某个关键时刻来表达感情的表现形式;而在多个叙事主题之间,应分别在每一个图画区域内进行叙事内容的策划和建设。非遗文创设计是一种文化的延伸和发展,它的目的是传承历史文化记忆里的情感,以此增强消费者对产品的认同感,并使消费者体验到其独特之处。要把图像叙事融合进非遗文创的设计过程中,设计师必须理解如何有效地传播文化和情感,以便确定合适的主题。"情节是构成故事的关键元素,只有当找到了故事的情节线索时,情节才有可能发生。"因此,我们应该确保所有相关创作条件的满足,比如明确情节线索、设定好故事背景等,这样才能防止出现信息的错误传输,同时能更好地引导消费者了解我们的意图。

一般而言,后辈给前辈送钢笔,是后辈在向前辈表达自己对他的钦佩和崇高敬意;而长辈给晚辈送钢笔,是希望其能在学识上有所进步,有所成就。"称心如意"这款创意型钢笔的设计灵感来源于杆秤,其核心思想在于期望接受礼物的人能感到满意,心想事成(见图2-6)。设计师成功地将传统杆秤的元素融入钢笔的笔身,实现了完美结合。杆秤上的星星点点代表北斗七星、南斗六星和福禄寿三星,寓意心有方向,做事有分寸,行动光明正直。秤砣代表权力,秤杆则意味着平衡,这体现了"权衡"文化的含义,即追寻智慧和诚实。

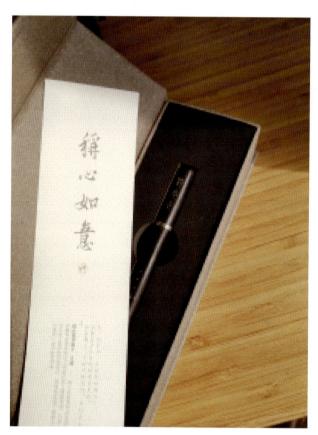

图2-6 "称心如意"创意型钢笔

叙事主题代表了设计师如何掌控整部作品的关键部分。对于非遗文创产业而言,其主要任务便是设计师传达并注入独特的含义,即设计的主题,它成为整体非遗文创系统的设计指南和进步方向。"叙事的主要目的在于利用故事的方式阐释一个产品的主题——解释、构建共识、影响消费者。"以非遗文化为基础的创意设计,借助具有故事性的应用场景来形成对客户的影响力,以此为基础,将抽象的产品主题转化为具体的象征物,使得产品主旨更加清晰明朗,达到形式多样但精神统一的目标,最终实现文化的传播。所以从某种程度来看,主题应能发挥全面协调的作用。

（三）图像叙事情节编排的应用

故事线构成了主题理念的表现形式和深化感情经历的方式。它是由一系列事件构成的，这些事件涉及时间与空间的关系，以及情绪上的问题。小说或其他类型的文字叙述会用一些关键的事件来构建完整的剧情，图形化的描述同样需要依赖于这样的过程。因此，我们可以在创意设计的流程中利用以物品为导向、融合虚拟现实与实际环境，使场景充满情感色彩、提升形象深度这四种方式，从而更好地理解如何运用叙事元素去表达我们的想法。

优质的故事起点对于整部小说的主题构造具有正向的影响力，它决定并塑造读者最初阅读时的感受和体验。有趣且引人注目的开始能有效调动读者的情绪，激发读者的兴趣。通常情况下，叙事初始部分主要展示明确而简单的实质内容——也就是我们常称之为"物像"的部分——为后续表达设计师思想感情及内心声音做好铺垫工作，同时也确定了一种基本氛围或者说风格基础。而在图形艺术领域里，"视点设计"（相当于画面的组织方式）是描绘事件的关键环节之一，这同样适用于描述过程中的重要阶段设定，从而能够有针对性地指导观众思考模式的发展。当人们观赏一张图片的时候，他们先看到的是由各种元素组成的空间形态，然后才是图片的具体细节信息。在中国传统的艺术创作中，对构图的形式有着特殊的重视，例如，通过使用散点透视法，能够突破时间和空间的约束，以自由的手法展示出图像的空间感；同时，在画面的布置上也十分注重稀疏和密集的变化，并遵循"疏可跑马，密不透风"的原则。比如《韩熙载夜宴图》，其视觉空间设计非常精湛，画家把屏风或者座椅布置到画面的各个角落，用这种方式表达了时间的流转和事件的发展，从而形成了从外向内的形象指引。

基于画作《冰嬉图》的设计理念，故宫博物院推出了"冰嬉图"系列书签（见图 2-7）。这些作品利用了角色移动的方式来构建整个构图框架，从而推进叙事的发展。冰嬉是清朝在冬至期间举行的一项重要赛事。"冰嬉图"系列书签选取了冰嬉比赛中的主要动作元素，如射箭和举旗等，并将其转化为视觉艺术表现形式。它在新颖的空间里展示了当时活动的热闹氛围，传递着参与者的欢愉情感。

图 2-7　"冰嬉图"系列书签

引人入胜的虚实交融：

图片是通过描绘形状和颜色直接传递信息的视觉表达方式，它拥有无法被文字描述的神秘吸引力。在讲述故事时，图片间的转换和联系通常起到了推动剧情发展和使读者沉浸其中的关键作用。在制作非物质文化遗产创意产品的过程中，我们常常把焦点放在图像上，例如那些抽象的图案（如剪纸艺术中的四方连续图案）或者具体的形式（如皮影戏里栩栩如生的人物造型），这些都成为设计的核心要素，对于故事情节的展开有至关重要的影响。

在各种平面图形制作方式里，我们通常利用形状的重复累加或者精湛的转换技巧来实现持续的视觉效应。运用形状的批量复制、颜色的比例递进等方式强调图画的主线，借助多样的场景描绘来吸引观众的视线。此种制图策略的主要特性是能在图画的不断循环过程中维持统一性和协调性，通过相似的形状搭配相同的变化元素，互相影响，构建整个图画架构。清晰明了地把逻辑信息展示到图画空间，有助于直接传达感情并且使之显现出来。在形式的逐渐变形中展现故事，创建令人着迷的环境，进而引发本质的改动。依据物理现象的发展规则，在形态的有无之间建立过渡区域，在虚实融合的过程中生成自然渐变的过程，然后通过图画的转变达成含义的变更，以此推进剧情的下一步进展。优秀的衔接不仅能够协助用户深化对物的理解，也能借助适当且巧妙的方式激活他们脑海里的物品印象，这不同于文创产品的具体形象，它所指向的是记忆中的物品形象，包括过去在文化艺术作品中积累下的美学感受，形成了思考层面上的一种象征认识，为后期对剧情高峰及事件的深层次解读提供了助力。

视觉符号的高明之处在于通过持续变化来激活回忆，并在指导情节发展的过程中持续探寻和进步，使得消费者对于各种视觉元素产生多样化的联系，进而实现形式与形态的关联、形式与事件的关联、形式与意义的关联、有意或无意之间的连接。这种连接方式，也让设计师成功向客户传递了他们的想法，并以一种自然的节奏推动着剧情前进。

扣人心弦的情景交融：

在文学作品的故事叙述里，传递核心观念是最重要的任务，所有的情节变化都围绕着这个目标来开展。无论是视觉艺术或文字创作，其情节构建必须基于服务主题的原则。创造出引人入胜的环境可以使得故事更加生动有趣，并能快速推进剧情达到高潮，塑造令人难忘的情感深度。在非遗文创设计的流程中，产品的深层内涵依赖于产品的实用性和操作过程，这需要借助用户与产品的互动，引领用户去理解某种文化的全貌，这是激发他们认知的关键环节。仅靠物体的外观很难引起人们的思考，但如果把使用的行为融合于场景之中，再配合过去的文化记忆，就能实现情感上的共鸣。正如王夫之在《姜斋诗话》中所指出的，感情和环境虽然看起来是两个不同的概念，但实际上密不可分。在诗歌中，最神奇的是这两者的完美结合。聪明的人会发现，有些地方的风景中蕴含着情感，而情感中也存在着风景。当直觉转变为行为记忆后，情节才更具吸引力，同时能让产品具有丰富的情感表达，这样一来，整个叙事过程就显得完满。

故宫文创产品"朕要办公"（见图2-8）卷笔刀以鱼、仙鹤和祥云等富有艺术感的元素构成了其设计背景，设计师把这些元素转化成美观且寓意吉祥的图案，融入产品的设计之中。这种创意设计是基于非物质文化遗产的视角来考虑的，消费者们会先从视觉角度对它产生审美印象，然后随着卷笔刀的使用，散落的铅笔屑覆盖了图案的一部分，形成了一幅波涛汹涌的大海画面，其中一条鲤鱼正奋力跳出水面，这给原本静止的画面增加了动感，同时，人们能感受到鲤鱼跃过龙门这个故事情节中蕴含的精神，这使得产品的实用性和美好的象征意义更加紧密地联系在一起。

图 2-8　故宫文创产品"朕要办公"卷笔刀

耐人寻味的意象升华：

"合"标志着故事的终点。在文学创作过程中，常常使用象征手法来传达感情，并通过对情节的设计实现主题理念的前后呼应，进而构建和提升主题形象。叙述过程通常由实物向抽象概念逐步推进，读者对结局的期待程度反映了他们对故事的兴趣水平。"合"是指把开始时设定的悬念逐一解开，最后形成清晰的故事核心内容的过程。优秀的故事收尾经常能强化主题理念，并在故事落幕之际增强创作者的情感诉求，读者在此时与创作者的思维紧密相连。这使得读者深陷其中，产生一种令人振奋、余音绕梁的感觉和无穷的情感遐思。

"大漆树叶"是零漆造物工作室精心打造的艺术品，采用传统的脱胎漆器工艺。该作品以干燥的树叶为基础，通过使用从漆树中提取的天然漆液来加固叶片。经过反复的上色、打磨等工序，作品不仅保留了树叶的原始纹理，还被赋予了独特的艺术魅力（见图 2-9）。这种工艺是大漆技艺的现代传承，它源于千年的历史文化，体现了先人利用自然材料的智慧。现代艺术家们通过这一技艺，将自然之美重新呈现，使树叶的生命力得以延续。

图 2-9　大漆树叶

（四）创新的图像叙事环境的构建

非物质文化遗产是在特定的地理区域和社会氛围中产生的，对它的维护不仅包括对其技能的保管和延续，还涉及它所依赖的生活文化和生态环境等方面的保护和发展。非物质文化遗产是日常生活的反映，其完整的形态和丰富的内涵都深深嵌入特定的社会场景里。构建文化场景的关键因素可以从时间和地点这两个角度去理解。通过将传统文化和过去的生活方式与现在的现实情况相融合，我们可以在全局上创造一种动态的环境，以实现非物质文化遗产的有效传递。

"境"是中华文明中的核心观念之一，无论是在实际操作或学问研究上，其一直被视为传统思想的核心元素——通常称之为无法用语言表达出来的状态。王昌龄认为写诗有三个境界，第一个境界是"物境"，强调的是形似；第二个境界是"情境"，强调的是真情实感；第三个境界是"意境"，强调诗人和作品之间既有文字交流也有情感交流。这三种境界逐渐变得抽象起来，前两种看得见摸得着，第三种则需要通过思考感悟才能感受到。此外，王夫之以情景相生、情景交融、情景合一概括了情景理论的三个境界，而这三个境界也是层层递进的；陆世庸主张"转意向于虚圆之中"。以上例子都表明了中国人对"境"的渴望，以及在追寻"镜"的过程中产生的各种东方美学思想。在中国民间文化的传承过程中，有很多关于"境"的描述，这大大地推动了我国非物质文化遗产创意设计的发展进程。

图像是用视觉元素来描述或重新创造被描绘物体的形状、颜色等，它具备讲述性和艺术气息。设计师可以自由地构建画面的气氛，以便展示出故事环境的真实感。龙迪勇教授指出："为了把'时间切片'用于叙述一个有时间性的活动，对语境的设计至关重要。"唯有能还原或建立起语境，并揭示或暗示活动的始末，才能够激发观众的思考能力和欣赏力，从而让他们体验到完整的故事进程。陈望道在《修辞学发凡》一书中提到，修辞应符合情感背景和主题的要求，而所谓的"情感背景"大致相当于现代所说的"语境"。所谓语境，是指使用和理解语言的环境。因此，我们可以得出结论，情感背景也是产品的使用环境。产品利用情景设计，通过有序编排和组合故事化的情节，以吸引和指导消费者认识产品的特性，包括图案、色泽、符号、纹理等可见语言，最终引发他们的行动欲望。依据对非物质文化遗产中可见语言的研究，我们借助原始文化故事的精神内涵，详细解析消费者与产品之间的交互细节，然后在这些交互点上做出转变，形成动态的情景效果。这不仅是为了满足文化和产品的自我发展要求，也为实现更有效的文化传达提供了可能。

在心理学研究领域，情景通常指的是能够激发人们的情绪并创造出事件含义的环境背景。在设计领域，人类、物体、环境及其相互影响的关系构成了一种产品场景。在利用非物质文化遗产元素创作的作品中，通过引发人们的行为反应或创建视觉形象来触发文化联想，其目的是打造人们能理解的文化环境。基于此，我们从情景的角度去解析产品文化的深层含义，揭示其中重要的信息点与故事模式，这有助于推动设计师关注文化核心的精确阐释，同时能让消费者精准地感受到设计师的心意。此外，这种方式能让我们的感觉经验自然而然地融入系统化的环境之中。如果我们将文化环境视为对文化事件的深度展示，那么产品的使用环境则代表着塑造现代消费者对文化回忆的感觉经验。因此，在非物质文化遗产创意产业中，情景建设需要考虑到用户的使用习惯、认知水平及个人经历等因素，全面呈现产品如何构建使用情景以及如何传达文化情景的信息。由此可见，非物质文化遗产创意产业里的情景构造包括两种类型：使用情景和文化情景。

文化的创新表达方式是对产品形状、行为模式和环境设计等多方面的协调构建，透过产品使用的场景描述去揭示其中的文化底蕴。"把产品看作一个故事的发展基础，用产品交换时间与空间的方法来深度体会各种不同情况下的经验。"艺术家们巧妙地结合了产品的实际意义和它所包含的文化象征，使得消费者能够在使用的过程中领悟到它的文化形象，这是利用场景来引领文化氛围的一种提升，核心目标是引发消费者的感情共鸣，以此刺激他们的创作热情，进而达到更为深入的文化传递和延续的目的。

法国文学评论家罗兰·巴特在他的著名文章《The Death of the Author》里提出了"Author is dead"的主张。他对传统的文学评价方式持批判态度，即过分关注作家的个人经历和生活环境来理解他们的创作动机。他主张我们应该跳出这个框架，让读者自己探索并诠释他们所阅读的作品。他还指出，没有哪部作品是由一位作家独立创造出来的，因为所有的文字都是由世界上的各种文化和思想交织而成的一种编织品。所以，一部作品的真正含义可能并不完全取决于它的创作者，而是依赖于读者的领悟能力。从这部作品问世的那刻起，设计师就已经消逝，而读者才是决定作品终极解析的关键人物。

"可读文本"与"可写文本"这一理论由罗兰·巴特提出，其核心观点在于区分两种类型的文字内容：一种是鼓励阅读理解并产生个人解读的作品；另一种是需要观众积极参与创作过程、赋予其独特含义的作品。换句话说，优秀的文学艺术作品应该引导读者成为内容的创建者，而不仅仅是消费者。这种理念也体现在许多创意设计中，如文创产品的制作过程中，往往会把一些本来只适合阅读的信息转化为可以激发消费者思考、互动的产品元素，从而使这些信息具有更丰富的内涵和深度。

"年画复兴项目"持续地进行了创新，使得古代的年画以焕然一新的姿态重新进入人们的日常生活。我们从年画里选取了一些象征好运的人物形象，并将它们与非遗文化的雕版印刷技艺相结合，开发出了一种新型的雕版滚轮印刷设备（见图2-10）。这不仅展示了现代设计的独特诠释方式，也使过去的物品获得新生。这一印刷设备可以衍生出各种不同的使用模式：例如，一套包含滚轮、无字红包、无字名片、招财纸条等元素的年画滚轮印刷套装，允许人们亲自用滚轮印制出带有"财运亨通"标志的物品。此外，可以选择不同色彩的染料来增强色彩效果，或者利用彩铅描绘财神版的"秘密花园"；也可以配合使用招财

图 2-10　新型的雕版滚轮印刷设备

纸条，让它像鸟儿一样飞翔于屋顶、大门、冰箱等地方。在这个过程中，原本只能观赏的年画被转化为可编辑的文本，同时也激发了大众创作的兴趣。顾客们成为情感传递的继承者，他们把曾经沉默百年的雕版滚筒变成了"招财法宝"，通过运用现今生活中常见的语言创造出独特的吉祥话语，比如"印钞鸡"（代表金钱不断增长）、"招财猫"、"收款马"等。这样的做法既增强了产品的实用价值，又提升了图案和故事的趣味性。

通常来说，视觉叙述作品由一系列连贯的镜头组成。这些镜头是在特定的时间和地点发生的事件或由人类及物品的关系所构建出的画面的集合体，它们代表着叙述要素如何呈现出剧情发展过程中的不同阶段。每个叙述成分并不是孤立的存在，而是互相依赖、互有影响并能推动彼此成长的，它们的存在使得整个叙述场地得以完整化。就像文学叙述常常利用背景来衬托角色的情绪一样，非物质文化遗产创意设计的核心也是通过替换消费者对文化的感知方式，使他们能够在消费过程中感受到一种舒适且融洽的氛围，进而创造出适合使用的场景。所以，非物质遗产文化创意设计更注重的是人、事物、环境之间的互动。

设计元素主要来源于对文化的重新诠释和创新，深度体验原始文化环境并从中感受到故事情节是有效的心灵交流方式之一。一些设计师主张地点决定主题，他们认为文创产品所处的情境应基于其故事背景。对于那些依赖于场景描绘的作品来说，设计师更加注重营造强烈的环境感，从而传达他们的主题。所以在设计过程中，理解和把握相关场景是关键的一环。

因为历史背景及地域因素的影响，很多无法广泛传播的非物质文化遗产名称里含有晦涩难解的词汇，人们通常会对这类词语产生抵触情绪而选择绕开或忽略它们。这正是那些含有生僻字的非物质文化遗产较难推广且有消失风险的主要原因之一。为了解决这个问题，天猫新文创发起了"天猫识遗计划"，他们挑选出100个具有生僻字的非物质文化遗产作为研究对象，为每个生僻字创作一张独特的海报，海报巧妙融合了该生僻字所代表的非物质文化遗产图像、颜色和标志元素（见图2-11）。此举旨在借助互联网平台、H5互动页面、展厅、短视频以及实物商品等多种渠道来提高人民对这些非物质文化遗产的认知度。此外，该项目还寻求与知名的商业品牌合作，以期吸引更多人的关注，从而推动这些带有生僻字的非物质文化遗产的复苏。

图2-11　天猫识遗计划

第三节 设计哲学

（一）拓展非遗传统工艺

作为一种传统生存方式的体现，非物质文化遗产包含了各种传统文化的表现手法。在这些以技能为主导的项目里，一般是由自然元素构成的手工产品。虽然手工产品的标准很难达到一致，但是凭借高超的技术水平，艺术家们可以在一定程度上实现这种标准化。无论是为了保证质量或是提升生产力，"流水线"都是一个值得考虑的选择。这里的"流水线"既可以让多个人参与其中，也能由一个人分阶段逐步完成。

虽然人们可能会将流水线生产方式与低质量产品联系在一起，但实际上中国传统制造行业早已存在分工作业和协同作业的理念。熟练的手工艺者往往可以掌握整个工艺流程，并在其中某一部分表现出卓越的能力。比如，浙江省温州市的蓝夹缬工艺品制作过程中，就有擅长画图稿的人才、专注于雕刻版面的技术人员。同样，在北京灯彩（一种国家级非物质文化遗产）的发展历程中，也有依赖于专业化团队完成宫灯等多种商品生产的例子。北京市美术红灯厂有限责任公司的前身是创办于清朝嘉庆年间的制作灯笼的老字号"文盛斋"，该公司的负责人之一翟玉良曾表示，公司内部的每位员工都拥有自己的独特技巧。此外，我们还了解到，在花灯制作过程当中，会涉及木工、雕刻、涂料装饰、编制、绘画等方面的工作，这些不同的步骤由具有特殊才能的技术工人分别执行，这是一种早期的"流水线"操作方法。河北省蔚县的剪纸制作中有专门从事剪纸设计的艺术家、专注于刻纸工作的刻工以及主要负责色彩渲染的调色师。如今，许多非遗项目的生产使用的是流水线的方式，其实质是继承了20世纪国有企业中"师傅带徒弟"的模式，同时受到了合作社的影响。

位于北京市的专营"兔儿爷"（一种北京民间玩具）的店铺——吉兔坊采用的是流水线式的操作方式。为提升制造速度，店主胡鹏飞特意进行了人员技能的分区管理，他把塑型、模型制作、绘画等步骤都按照流水线的形式分配给了不同的员工。此外，他设立了一个专门的团队来审查并打包成品，以此确保每个流程都能达到标准质量要求。尽管同一批次的产品可能因人工因素而略有差异，但是这种差异不会导致严重的缺陷或差距。每年春节期间及中秋节期间，对"兔儿爷"的需求量很大，最忙碌时甚至需要数十名工人共同完成任务。

每一款优秀的非遗文创产品都承载着丰富的历史底蕴和实践经验。对于那些对传统文化和手工艺缺乏理解的设计师来说，仅依靠自由奔放的创意可能无法把草图转化为实际的产品；即使成功制作出样本，也不一定能实现商业价值。面对高难度的手工技术，设计师们可能会遇到许多挑战。如果要以某些复杂的技术来创作拥有新形态或新功能的产品，除了考虑外观之外，还需要寻找适合的新材料和加工方式，而有时现有的材料和方法已经不足以支持新产品的开发。因此，设计师必须在熟悉传统手工艺的前提下，进一步挖掘它的潜力，这通常包括以下几个方向：一是设计师应积极地与手工艺人合作，确保双方沟通流畅且有效，前提条件是设计师已经学习过相关技能；二是设计师要在充分掌握传统手工艺的同时，具备强大的创新精神和足够的理论基础、资源去推动相关创新工作。相比较而言，较好的方向应该是后一种，即设计师不仅擅长传统手工艺，而且具有很强的创新能力。总之，我们应该首先保护好传统手工艺，再讨论创新的问题。

"雕漆手机壳"如图2-12和图2-13所示，它是一种结合了传统文化元素和材料的创意产品。这个产品非常有代表性，因此我们对其实施深入剖析。该产品的设计者是刘博闻，他是雕漆艺术大师刘忠英的儿子，也是一位拥有精湛雕漆技术的艺术家，被授予北京市工艺美术大师的称号。他在继承父亲事业——担任和合雕漆局第六代掌门人的同时，还承担着设计师的工作，尽管他的手工技艺可能无法达到父亲的高度，但他具备创新思维并有着坚实的基础。当他尝试改进雕漆技术的时候，他会借助于父亲的技术知识和实践经验。普通的雕漆制品如果直接触碰肌肤可能会引发过敏症状，为了解决这个问题，刘博闻和父亲一起研发了一种新的配料，他们在大漆的基本原料里添加了一些能防止皮肤过敏的新物质。这样一来，含有此种配方的雕漆制品就能制作成直接贴着皮肤佩戴的装饰物。此外，和合雕漆局的产品有高低不同的等级，高级别的产品采用预设的机械化流程来完成雕刻工作；较低级别的产品则通过浇铸的方式进行生产，其质量相较于机械化的版本略显粗糙。利用机器做出半成品之后，还需要人工处理细节，比如打磨和做旧。

图2-12 "雕漆手机壳"之一

图2-13 "雕漆手机壳"之二

"铺首衔环"朱门金钉手机壳的设计灵感来自对我国古代建筑艺术的研究。图2-14所示的这款手机壳采用了传统建筑门饰元素，并结合现代科技手段进行了创新性改良。"铺首衔环"这种古老的门饰具有辟邪的象征意义，铺首形状多为兽面，其鼻下或口部通常穿以圆环，所以称作"铺首衔环"。铺首形象中最多的是龙王的第九子——"椒图"，因为它性好静，警觉性极高，善于严把门户，所以人们把它放在门口来保护住宅。此外，"朱门金钉"这一皇家建筑专用的装饰手法也被融入这款手机壳中，以此来强调使用者尊贵的地位。通过这样的方式，设计师重新诠释中国的古典建筑美学，并将它们融合进一款时尚且实用的手机壳之中。同时，铺首所衔之环被赋予更多的用途，比如可以作为一个手持式手机支架或者防止滑动的小工具（见图2-15）。总之，这款文创产品不仅体现了中华文化的深厚底蕴，而且具备实际的使用价值。

图 2-14　"铺首衔环"朱门金钉手机壳　　　图 2-15　防止手机滑动的小工具

在贵州丹寨，大多数蜡染工坊和从业者都继承了传统的制作和销售方式，但他们的主要顾客并不在贵州省内，而是来自外省市（尤其是一线城市如北京、上海和广州）以及国外。顾客的订单主要分为两类：一类是根据顾客提供的样品进行定制；另一类是工坊根据顾客提供的主题进行创作。例如，某淘宝店接受样品定制订单，顾客提供一件长袍的样式，然后店铺进行制作和染色，最后由顾客销售。又如，有一个方形头巾的订单，要求带有相关的 logo，订单量为五百条，图案由宁航蜡染按传统绘制。这些非苗族传统图案都是根据顾客提供的样品进行定制的。

苗族蜡染代表了苗族的文化，记录了苗族的历史，因此画师们不会脱离本土文化去创作其他风格的图案。在苗族的习俗中，所有女性都有传承蜡染技艺的义务，女孩子从小便跟随家中年长女性学习这一技艺，她们对图案了如指掌，几乎不需要打草稿。然而，对于图案的含义，只有一部分画师能够解读。

作为首批国家级非物质文化遗产之一，景泰蓝制作技艺一直备受关注。然而，过去的北京珐琅厂生产的景泰蓝主要是精致度略显不足的大型制品。"孔氏珐琅"和"熊氏珐琅"则是对传统手工艺深层次研究的重要例子。熊氏珐琅家族世代传承的技术源于清朝皇宫内的珐琅造办处，他们早期的高端商品采用的是掐丝珐琅工艺，这种工艺也紧随市场变化不断创新。孔氏珐琅是一个完全独立的钟表品牌，擅长制作以铜胎为主的掐丝珐琅器物，并专注于珐琅钟表的设计及生产。该品牌拥有核心部件的自主开发能力，并且能够运用三种珐琅工艺（即掐丝、内填和微绘）来打造金、银、铜或陶瓷胎制的钟表。

（二）提炼经典造型

此种方式被当前文创产品设计者广泛采用，相关产品的市场占有率也相当高。设计师一般会选取那些具备强烈视觉效果的手工制品中的元素作为灵感来源，并把这些富含深意的经典纹样应用到背包、书籍、明信片和日历等多种物品的设计中去。比如，他们可能会选择苗族刺绣、蜡染艺术、京剧面具或者民间剪纸中的图像，然后通过丝网印刷或热转印的方式将其绘制于布料等承载物表面。

为了实现大规模制造并确保品质，通常来说，生产商与设计人员不会采用常规的手工技巧，而会对它们进行优化或者重新设计，直接利用新的方式来塑造传统的设计元素或是直接把这些元素打印到商品上。这种做法经常是通过摄影或扫描的方式获得图片，然后用 Photoshop 或 Illustrator 等软件进行修改和制作。

然而，尽管此种方式被广泛用来制造文创产品，但它对非遗传承人的实际支持有限，原因在于其带来的收益难以直接流入传承人的口袋中。在此过程里，设计者不一定必须依赖于传承人的技能，因此他们无须承担相关的人力和时间成本。此外，我国现有的有关知识产权保护的法律法规还存在不足之处，导致许多企业或者设计师并未给原作者（即手工匠人或传承人）支付其应得的版权费。

一个尊重版权的例子是"自然造物"基于库淑兰的剪纸设计开发的文创产品。库淑兰是首位被联合国教科文组织授予"民间工艺美术大师"称号的中国人，她擅长彩色拼贴剪纸，艺术风格独特。图 2-16 展示了库淑兰多次创作的经典形象"剪花娘子"。"自然造物"向库淑兰的家人购买了剪纸的版权，并进行了一系列的文创产品设计，其中包括填色台历、挂历、笔记本、利是封等（见图 2-17、图 2-18），产品工艺精美，支付版权费后仍然盈利。这是因为这些产品不是手工制作的艺术品，而是基于民间美术进行大规模生产的文创产品。

图 2-16　库淑兰多次创作的经典形象"剪花娘子"

图 2-17　"自然造物"基于库淑兰剪纸设计的文创产品

图 2-18　利是封

（三）转变非遗的刻板形象

部分非遗文创产品的源头来自非遗项目本身，其肩负的责任不仅仅是推广中国的无形文化遗产、开拓旅游商品市场和扩大文化产业的影响力，更为关键的是实现"通过产业发展支持传统技艺生存"的功能。

"唐娃娃"这一由唐人坊大量生产的人偶模型是基于"北京绢人"发展而来的。它不仅延续了"北京绢人"的传统技艺，例如对人物发型的设计与编织技巧，还吸收了日本人形艺术中的设计元素、制作技术及选材方式，形成了独特的"唐娃娃"形象。

为了降低物质资源和工作时间的开销，在制作一些人偶服饰时，唐人坊采用了热转印和丝网印刷替代传统的手绘和刺绣工艺，同时采用特殊的石膏塑造面部轮廓，然后通过人工来描绘五官（见图 2-19）。此外，他们用树脂或者塑料制作手部，不再黏附绢布。虽然这些改动影响到了技术的应用和材质的选择，但是绢人的主要特点和风貌仍然得到了很好的保存。在 2013 年，唐人坊采取了一系列改革措施，包括扩大市场份额、增强产品开发能力、参与各种展览活动（如文博会、旅商会、艺博会等）。同年，受到日本 BJD 娃娃的启发，唐人坊开始了"Q 版唐娃娃"的设计，如图 2-20 所示，这种娃娃的脸型像漫画角色一般圆润，眼睛被夸张地增大，鼻子和嘴都非常小巧。相对于真人比例的玩偶，"Q 版唐娃娃"尺寸更加迷你，便携程度更高，更适合作为旅行纪念品销售，然而它的制作流程并没有减少。相对而言，"Q 版唐娃娃"要比真人比例的大型玩偶更为流行。

图 2-19　人工描绘五官

图 2-20　"Q 版唐娃娃"的设计

另外值得一提的是"凑合"品牌推出的拼布系列商品。2014年，《蜗牛》民间艺术杂志成立了研究小组，开始了针对河北省蔚县的实地研究，他们对当地普遍存在的拼布垫产生了浓厚的兴趣并且展开了田野调研工作。小组成员对蔚县的十二个乡镇进行了详细的调查，总共收集到了约一百种不同的拼布垫样本。拼布垫是一种在中国北方广为流行的生活用品，尤其是山西省、山东省和河北省等地。20世纪90年代后期以来，河北省蔚县的大部分女性都掌握了制作拼布垫的技艺。制作一张拼布垫的时间取决于它的尺寸，通常要花费一整天时间，但是所需原料价格便宜且来源丰富，主要来自各种废弃布片和破损衣物。节俭的家庭主妇们平时就会收集一些布片，并按照色调和图案进行分类，然后把它们剪成相似的大小并叠成三角形，接着以手工的方式一层又一层地进行缝制。最初，《蜗牛》民间艺术杂志成立研究小组的目标只是进行研究和记载，但在了解拼布文化的深层次内涵后，他们开始思考如何让这一乡村传统在新时期焕发新的活力。作为《蜗牛》杂志的主编兼创始人，邓超开始在河北省蔚县探索如何实现拼布垫的商业化生产；同时，他也在寻求产品设计的创新，以扩大其应用领域并提升用户体验。"凑合"这个品牌的命名灵感来自"拼接而成，组合在一起"这一理念。

拼布垫在蔚县居民日常生活中极为常见，一般铺设在炕头供人们休息。蔚县位于河北省张家口市管辖范围内，冬季气候严寒，因此农村住宅的主要取暖方式就是烧火炕。然而，在没有点燃炉灶前，炕面温度较低，而炉灶点燃一段时间之后炕面会变得过于炽热，这时就需要有一定厚度的床单或者拼布垫来调节炕面温度。如今，受现代化生活方式的影响，越来越多的人开始放弃使用传统的火炕取暖，转而使用舒适度较高的沙发。所以，现在这类拼布垫的实际用途相对有限，但在沙发上的装饰效果更为突出。不过，随着社会经济发展和生活节奏加快，许多家庭已经不再保存旧衣物残片，也没有时间去制作这样费时的手工制品。现在能看到的此类产品，大多数都是过去遗留下来的，庆幸的是，仍然有不少掌握这门技艺的女性。要让这样带有浓厚乡村风情的民间艺术品融入城市环境与现代生活，还需要设计者转变思维模式。有些传统的拼布垫采用的是二方连续图案，另有一些采用了辐射对称图案，这些都是可以保留的设计元素，并可将它们进一步转化为新的作品。

"蜗牛"小组对"凑合"拼布垫的设计创新主要分为两期，第一期延续了原始的原料处理方式，第二期则是基于初始拼布垫的新颖设计。在前一时期，该小组寻觅到了9名擅长制造此款拼布垫的女性，预先购买了她们所需的24色棉麻织物，并且达成了协议，内容涉及按件支付薪酬及规定：允许她们自主创意，但需避免使用相同的颜色组合和图案；既可以采用经典样式，也可尝试新的元素，形式可以选择圆形或者矩形。这些女工们开始的时候参考的是旧有的模式，然后逐渐掌握技巧，创造出了各种独特的图案。为了提升产品的吸引力，设计师特意为拼布垫定制了一个精美的包装盒，内含一张带有四个弯曲边缘的厚硬纸板，能够把拼布垫固定住，并在其顶部开有一个圆形的洞，方便消费者把它放入画框中展示或是直接用绳索悬挂起来，成为室内装饰的一部分。此外，它还可以被拿出来当成生活物品，放在椅子上。

在第二期中，"蜗牛"小组采用了富有创意的产品设计理念来重新构思并创作拼布垫。首先，他们邀请了一位专业的设计师制定方案并画出了草稿，然后寻求本地擅长缝制拼布垫的女性参与协作。然而，许多人由于习惯传统的设计风格，对于新的图案感到陌生且担忧其制造过程烦琐，因此需要设计师与手工匠人们反复交流及协调才能成功配合。在这个过程中，设计师们不仅熟练掌握了基本的拼布垫技巧，而且通过这个基础进一步提升了他们的设计能力，从而有效提高了解决问题的速度，并且推动了创新产品的发布。例如，图2-21展示的是一种小型化的拼布垫，它添加了一个"葫芦头"和一根悬挂线；而在

图 2-22 中的猫头鹰布玩偶则结合了三种技术——贴布、堆叠和凸起，它们完美整合在一起，最终形成了这样的作品。

图 2-21　小型化的拼布垫　　　　　图 2-22　"凑合"拼布：猫头鹰布玩偶

作为连接传统民俗文化与现代城市生活的桥梁，《蜗牛》杂志持续推动艺术家们参与到民间手工技艺和非物质文化遗产的保护工作之中，并为他们提供了相关支持，例如品牌管理、目标客户识别、创新设计理念、市场宣传策略及销售网络等。这恰好是非物质文化遗产融入现代社会后，为了维持自身生命力和进步而寻求发展的关键所在，也保障了它的自我更新能力。

（四）非遗原型的衍生发展

这个类别的覆盖面极其广泛，不只限于传统艺术和技艺领域，传统戏剧、音乐、民俗、体育竞赛以及民间文学也能够成为文化创意设计的灵感来源。

设计师曾经利用剪纸作为创作灵感来源，对多种创意产品的开发进行了深入研究。图 2-23 所示的"七巧花胜"剪纸拼图垫就是一种结合了非物质文化遗产和现代设计的文创产品。该产品融合了中国的传统智力玩具——七巧板，并将其与正月初七的"人日"节庆活动相联系，使得它具有了玩具和保温垫双重属性。材料包括经过激光切割的厚毛毡和已形成形状的硅胶。用户可以自由地把它们组装成不同的图案，并且可以在上面放茶杯或饭碗等物品。从汉朝开始，正月初七被称为"人日"，成为一个重要的节日，人们会佩戴或者在家里的墙壁挂上名为"人胜"的小饰物。此项设计的核心是用七巧板来表达七个图像，通过剪纸的方式展现相关元素，既能满足实际需求，同时也具备文化和审美价值。

图 2-24 和图 2-25 展示了设计师精心创作的"阴阳对偶"系列剪纸作品，灵感来源于中国传统文化中的阴阳学说。这些作品巧妙地融合了太极图的阴阳鱼元素，并以中国民间剪纸的传统图案，如"鹰捉兔""鱼戏莲""老鼠啃南瓜""狮子滚绣球"为表现手法。这些图案不仅在中国民间艺术中占有重要地位，也常出现在传统婚礼中，寓意吉祥和幸福。在色彩的选择上，红色宣纸被用来剪制代表男性和至阳特质的图案，黑色宣纸则用于代表女性和至阴特质的部分。通过巧妙的拼接，这些剪纸作品呈现出了完美的阴阳和谐。

此外，为了提升作品的实用性和耐久性，设计师采用毛毡材料替代传统的宣纸，使得这些作品不仅能够作为艺术品欣赏，也适合用于日常生活和装饰。这款作品既是传统剪纸艺术的回归和创新，也是基于非遗文化的创意设计。

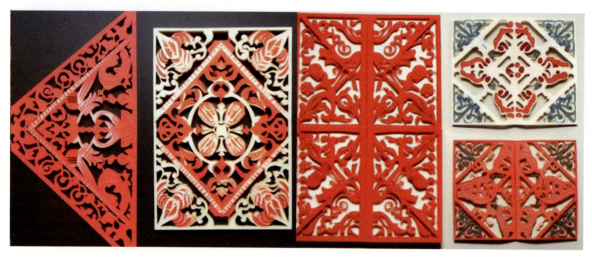

图 2-23　"七巧花胜"剪纸拼图垫

图 2-24　"鱼戏莲"剪纸

图 2-25　"鹰捉兔"剪纸

（五）非遗文创产品包装

1. 包装设计

包装设计的主要功能是保护产品和提升产品的价值，然而在中国，非遗文创产品的包装方面出现了一些问题，如粗制滥造和过于简单等，这导致它们无法充分展示出非遗文创产品的特性，且缺少独特的风格和深刻的文化底蕴，从而没能产生理想的品牌效应。比如，有些非遗文创产品的包装基本上呈现未经设计的形态，很难满足消费者的要求，也无法提高产品的附加价值。同时，调查结果表明目前的非遗文创产品包装设计过于相似，主要表现为设计师没有针对每个产品做出合适的设计，所以很多包装设计显得不太适应时代潮流，这也间接地削弱了非遗文创产品的商业价值。进一步的研究还揭示出现在的包装设计并未完全体现产品的文化和历史价值，往往停留在浅层次的文化表达层面，而忽略了对产品深层意义的发掘。鉴于这些情况，对非遗文创产品包装设计的研究是一个有效的解决问题的方法。目标是在包装设计过程中融入现代审美元素，以确保传统文化能够适应现代的生活环境。这样一来，不仅可以保证产品包装的质量，也可以保持非遗文化的特色（见图 2-26），达到内容和形式的高度融合。最后，品牌商们也有意改进目前的包装设计，以便更好地展现品牌的独特性和增强品牌形象，突出品牌包装的价值。

图 2-26　非遗文化的特色

深厚的中国文明史孕育了丰富的文化和独特的工艺技巧，它们以多种形式呈现出来，成为我们的非物质文化遗产。这些代表着我们民族精神的文化遗产就是我国丰富多彩的历史的反映。对于非遗文创产品而言，品牌的核心理念及其精确的市场定位是我们关注的焦点所在，因为它们不仅要展示出一种具有浓厚中国特色的精神面貌，而且要满足当今人们日益增长的多样化需求。所以我们在做非遗文创产品的包装设计时一定要紧密联系它的内在含义及市场潜力等因素。这样才能使它既充分展现出现代人所追求的时尚感，又具有独特的魅力而不失古朴典雅之风韵。

2. 包装材料

包装的材质应给顾客带来新的体验。大多数产品的外包装通常使用具有高强度和抗弯曲性的 300 克特殊纸张。这类纸张容易传达出产品的信息，并且对打印设备的要求相对较低。它们在运送过程中能够轻松地被折叠或堆积，同时具备良好的防潮性和安全特性，可满足产品的包装要求。古法糖膏被装在玻璃瓶中，需要特殊的包装方式，因此我们选择灰纸板作为主要的包装材料。灰纸板是一种高密度的厚纸板，它的稳定性非常强，将其作为包装材料可显示产品的重要性。另外，单独出售的散装红糖会被放入塑料瓶内销售，因此我们选择云纹背胶纸作为瓶子的标签，因为它质地细腻、颜色鲜明，从而提升了产品的整体外观形象。此外，我们在包装印刷工艺方面也会采取各种不同的方法，除普通印刷工艺之外，还会使用如烫金、烫银（见图 2-27）、开窗、UV 涂层、丝网印刷等方式来增强包装的效果，并在图案的某些部分添加暗纹，以便达到美化包装的目的。

图 2-27　烫金、烫银

Fei-Yi Wen-chuang She ji Yuanli yu Shi jian

第三章
实操篇：非遗文创产品设计的实践之路

第一节　艺术的维度

（一）产品色彩层面

鉴于非遗文创产品具有美学观赏价值，对其商业化过程需要进行严格控制。色彩是凸显非物质文化遗产特点的有效元素。在中国悠久的历史文化中，色彩占有重要的地位并拥有独特的意义。此外，中国古典文化强调色彩组合的艺术性和自然色调的再现，这展示出最普遍的中国传统艺术风格。比如设计师使用黄、红两色来展现产品尊贵的品质，用黄色祥云作为家居装饰元素，寓意生活美好幸福；在书房或客厅采用水墨画做点缀，模拟山雨景象，以此呈现中国的黑色与白色文化。因此，为了更好地实现非遗文创产品的创新设计，我们必须深入研究和掌握色彩的内涵及应用技巧，并将它们融入我们的作品之中。

（二）图案意蕴层面

所谓传统图案，是指所有包含在中国文化遗产内的图案，这不仅涉及各类民间工艺品、宗教信仰及民俗活动里的图像元素，还涉及日常生活中使用的产品的装饰花纹等，例如不同族群的传统服饰、日用品、住宅上的各种图案。历经数百年的发展和演化，这些传统图案呈现出丰富多彩的艺术形式和独特的形态特征。每个种族或其分支都拥有与其信仰相关联的图像，部分我们可称为"图腾"，它们通常代表着这个群体崇拜的祖先和他们信奉的神祇，并常常与他们的起源故事有着紧密联系。

在古代，图腾崇拜是氏族制度所特有的宗教形式，其主要特征是相信本氏族同某种动物或植物之间存在超自然的关系，该动物或植物就叫图腾。民族志资料中有许多关于图腾崇拜的故事，据说傈僳族内有崇拜虎图腾的，把老虎作为他们的祖先。传说故事、象征符号和宗教信念这三个要素共同构成了民俗艺术的基础并为其提供了持续不断的动力。

第二节　传统图案的韵律

"蝴蝶妈妈"、铜鼓纹、窝妥纹都是具有代表性的苗族传统图案，它们不仅展示了苗族文化深厚的历史底蕴及丰富多彩的精神内核，还体现了艺术家们卓越的表现手法及创造性思维能力。这些图案不仅仅是一种视觉上的美化设计，还承载了对古老文化的敬仰———种对原始力量的崇拜。就像沃林格的观点一样："人们寻求幸福的途径并不是深入了解世界或从中寻找自我价值所在,也不是去欣赏这个世界的美妙瞬间,相反地，是在这个瞬息万变的世界里找到一处安宁之地，以某种形式将其永久保存下来，从而实现内心的平静和谐状态。"

在设计师们构思文化创意产品的过程中，他们需要深究与之相关联的传统文化，从中挖掘出传统图案元素作为设计的基石，以此开发出的文创产品能唤醒具有相似文化背景的人群的情感反应，同时能让那些难以用语言表达的文化理念更具体化，并转化为可见的物品，这不仅有利于产品的宣传及售卖，还能进一步推动文化的传播。

当大量制造文创产品的时候，企业可能会选择利用经典设计元素和标志性图形来连接古代和现代。然而，若产品的构成要素（如素材、技艺）都偏离了传统文化的本质，则该类产品无法被称为"文化创新品"。

就像前文中所讲到的，现在市场上经常可以看到一些与传统蜡染不同的蜡染主题文创产品，如图3-1所示。这些艺术作品实际上是使用蜡质材料作为防染剂来描绘图案的轮廓，并借助化学染料的快速着色过程，赋予作品鲜明的色彩效果。与传统的具有精神力量的装饰图案相区别，这些作品代表了一种二十世纪末期兴起的艺术风格，即工笔重彩装饰画。画家们偏爱使用鲜艳的色彩和大胆的造型，创作出富有民族特色的画作，其中丁绍光的创作尤为引人注目。这些蜡染作品常以身着传统服饰的少数民族人物为题材。尽管这种工艺品可以视为一种创新尝试，但它在一定程度上误导了公众。特别是在人们对非物质文化遗产的消费热情日益高涨的背景下，一些商家错误地将这类作品标榜为非物质文化遗产。然而，具有民族风情的艺术作品并不能全面代表一个民族的文化和历史，也不能传递其核心的文化价值。

图3-1 少数民族人物的"蜡染画"

而包含了神话传说、民间故事、图腾崇拜等元素的传统纹样，它们历经数个世纪传承下来，充满了深意且值得探究。许多富有装饰感的图案、形态和标志可以被视为创意设计的宝贵资源。例如，图3-2展示的是一种蜡染图案，它源于贵州省丹寨县，描绘了苗族创世神话中的一只吉祥之鸟——吉宇鸟。在这个时代，我们需要重新评估传统文化并赋予其新的生命力；同时，当代设计师应把传统文化融入他们的创新设计中，实现传统与现代的有机融合，继承传统而不拘泥于传统，在创新中不反对传统。

图3-2　贵州丹寨传统蜡染中的吉宇鸟图案

婚俗剪纸里常见的图案有"鱼戏莲"和"鱼咬莲根"。在这组互补的图案中，鱼代表男性，莲花代表女性，莲花中的莲子象征着即将诞生的婴儿。在中国传统图案中，"鸟衔鱼"的构图中鸟作为主导者，鱼则象征着女性——这反映了中国传统文化中女性通常所处的被动角色。这种图案设计不仅在视觉上形成互补，还在文化上传递了"连年有余"和"吉庆有余"的吉祥寓意，寓意着年年富裕和幸福。与之相辅相成的是"鹰捉兔"（亦称"鹰踏兔"）的剪纸艺术(见图3-3)，该图案在民间尤其是山陕地区广为流传。在这个象征性的对偶组合中，鹰以其力量和勇猛象征着男性，而兔以其柔弱和温顺代表着女性。在许多文化和神话传说中，鹰常被尊为太阳神或战斗之神，兔则象征着柔和与顺从。

图3-3　鹰踏兔

中华民俗中的许多图像以象征的方式表达了"阴阳"的概念,其中,"小猫捉蝴蝶""公鸡打鸣报晓"等是较著名的例子。例如,"老鼠咬甘蔗"(见图3-4)就是以这种方式表现二元关系的典型图案设计。这种图案代表了男性和女性的相互依存与平衡状态,同时也是一种生殖力的象征——因为老鼠能够大量繁衍后代。此外,一些植物如麦穗,因其籽粒饱满,也具备繁衍的象征意义。

图 3-4　老鼠咬甘蔗

第三节　蓝印花布的新生

　　蓝印花布的经典图案是由民间艺人经过无数次尝试所塑造出来的。这些图案既优雅又充满活力,展现了"大巧若拙"的美学理念。在蓝印花布的图案设计中,我们可以看到《周易》中的观点:在对立中求统一,在变化中求不变。这体现为首尾呼应的连贯式图案及中央对称或者四面八方对称的图案结构,体现了中庸之道的和谐与稳定,象征着生命延续的精神内涵。

　　在蓝印花布的图案中,点是一个重要的组成部分,常常由若干等间距的小圆点组成线条,形成一种有序且充满活力的氛围。蓝印花布的独特之处不仅体现在其以点为基础构建的图案中,而且表现在这些点的组合方式对整个布料美观度的影响上。蓝印花布展示了点、线、面之间的相互作用,同时揭示了它们对整体设计构架的影响。

　　观察蓝印花布的设计元素,我们往往能找到人们深厚的期望和祝福,例如寓意"多子多福"的石榴图案,是家族兴旺、绵延不断的一种象征;由莲花、鲤鱼、胖娃娃三者共同组成的"连年有余"图案,寓意着生活富足,每年都有多余的财富及食粮,表达了人们对美好生活的向往和追求。菊花搭配"猫蹄花"(见图3-5)是蓝印花布图案中最常见的组合方式,菊花图案由一个白色圆点及围绕圆点的白色花瓣组成,而"猫蹄花"是一个包含了7个同样尺寸的小白圆点的图案。基于这样的基本图案结构,手工艺人通过替换和扩大花纹来创造出具有各种意义的"冰盘菊"图案。比如"盘长冰盘菊"就是把菊花的花瓣层层扩张,然后用中国的传统盘长结作为装饰,它寓意着家庭世代传承,永久不变;假如中间改成"双喜"图案,就变成了"双喜冰盘菊"（见图3-6），这个图案通常在新婚时使用，表示幸福美满的生活即将开始。从这些富有寓意的图案里，我们可以看出手工艺人的创新能力和他们对美好的执着追求。

图3-5 菊花和"猫蹄花"

图3-6 双喜冰盘菊

"生硬"是许多人对蓝染布料的印象之一：线条和形状简单直接，看起来粗糙但富有深意。这种特点源于其独特的制造过程——使用锋利的工具在布料上进行雕刻以完成图案的设计。由于使用的是蜡染方式，布料变得非常耐用且难以进行细致复杂的描绘。正是这些传统的技艺方法及材质上的局限，才造就了蓝印花布独特的手感，并赋予它丰富的艺术价值。因此，作为一名艺术家或创意工作者，必须深入理解传统文化的精神内核，才能创作出让现代人满意的作品。

艺术家通过研究蓝印花布的设计元素，不仅可以重新构建这些元素，还能够探索各种纹理的使用，以独特的方式展示出蓝印花布的古典优雅。例如，设计师对蓝印花布的图案进行解构与重塑，设计出了"蓝印花布甲壳虫"，还采用不同材质表现蓝印花布的古朴清雅（见图3-7）。同样地，蓝印花布的设计元素应用到珠宝设计领域也能展现出独特的魅力。设计师利用传统的印花蓝色进行珠宝设计（见图3-8），采用类似于珐琅色彩效果的水晶胶进行着色，软质纤维和坚固金属经过设计师的精心组合，使古代文化和现代审美得以融合。蓝印花布的元素与汽车的车身涂层相结合或转化为时尚的配饰，不同风格的融合将带来全新的视觉体验，无论是在材质还是功能方面，设计师都能保持中国传统文化的核心价值。

图 3-7　蓝印花布甲壳虫

图 3-8　运用传统的印花蓝色进行珠宝设计

经过对多种素材和技术手段的探索，设计师最终可能选择最初的手工印染方式及具有一定柔韧性的纺织物料。例如，北京采蓝文化投资咨询公司致力于研究并开发蓝夹缬、蓝印花布产品，其成果之一就是图3-9所示的蓝夹缬文件袋，它是以古老的手工编织土布为原料打造成的当代流行的生活用品。另一个例子是图3-10中的蓝夹缬绸质围巾，该产品在结合复古元素的同时扩展了它的实用性，因为通常情况下，蓝夹缬主要应用于服装背部，常用的布料为土布，较少采用丝绸制品。然而，如果以土布作为围巾的面料，则会显得过分坚硬且缺乏弹性。据历史记载，唐朝时期曾经将轻盈透明的丝织品用于夹缬生产，如今"采蓝文化"把传统的土布改成了丝绸，这不仅是创新，也是一种对古代工艺的致敬和回溯。

图 3-9　蓝夹缬文件袋

图 3-10　蓝夹缬绸质围巾

　　文创产品的灵感来自生活的点滴和传统元素的拓展，它们能有效地适应大众的需求。其中，实用的特性是非物质文化遗产创意设计的核心要素之一。首先，利用非物质文化遗产的图像和符号来美化我们的日常物品，这是常见的正向创意设计策略。其次，在文创产品的设计过程中，我们把非物质文化遗产的生活气息带入其中，这常常是以一种反向的方式，即从文化和艺术的角度去思考，将生活和设计结合起来。例如，从北京故宫的文创产品设计中，我们可以看到设计师是如何用化妆工具作为突破口，让文创产品更贴近生活的，如手绘梳子、"灯火紫禁城"口红等，这些都是将文化创意融入日用品里的例子。

　　对于传统艺术来说，采用规范化的制作方法是使其与现代产品相融合的途径之一，这也可以提升生产效率及产品品质，同时方便产品流通。然而，那些并不熟悉传统艺术的人群可能无法识别产品的价值，因此他们更倾向于选择由可靠品牌生产、经过严格质检的产品。图3-11所示的这款"喜上枝头"手工刺绣音箱是传统文化与智能科技的组合，其运用湘绣工艺，在音箱外壳上绣了一只站在树枝上的喜鹊，寓意喜上枝头，在外形上实现了统一化和标准化。由于制作者个人审美的不同或者技艺水平的高下，成品的外观表现形式（比如图案）会受到一定影响，因此要达到这种视觉上的整齐划一是比较困难的事情——这也是我们会在大规模生产的过程中仍然坚持使用相同的设计元素来确保整体风格一致性的原因所在。

图3-11 "喜上枝头"手工刺绣音箱

作为一种具有深厚历史背景的手工艺术，花丝镶嵌技术被视为身份和地位的一种象征，主要应用于皇家饰品的制作，如图3-12所示。这一工艺通常使用黄金制成花丝，通过拉丝、掐丝、填丝和编织等工艺流程来塑造产品的外观。同时，它融合了诸如点翠和烧蓝等独特的技巧，使得成品更加华美。

图3-12 花丝镶嵌首饰

"材有美、工有巧"是中国古代对于优质商品的评价。通过对实例的观察研究，我们发现优秀的设计作品都具有共同的特点，即材料优良且制作技巧高超。中国的传统工艺种类繁多，很多机器制品的精致度无法与手工制品相媲美。卓越的手工技能被视为产品品质的关键因素，它能增强产品的视觉吸引力。

如今，市场上的许多文化创意产品都是由低质量或不合格的原料制作而成的，这类产品容易破损且其品质受到原料的影响，因此被视为娱乐工具。某些传统工艺只能通过特定类型的原料来实现，那些低档的材料并不适用。利用古老的手工艺制造出的铜器、瓷器等都具备了独特的质感和美感，其色彩与图案则是经过数百年的审美积累所形成的。

第四节　文化的融合

非物质文化遗产的创新设计旨在焕发非物质文化遗产的内在活力，关键在于如何有效地利用这些珍贵的文化资源。在保持其原始风貌的同时，我们应致力于传承和创新，将传统文化元素与现代产品创新相结合，以满足市场需求。通过这种方式，我们可以开发出既具有非物质文化遗产特色又符合现代审美的文创产品，实现文化的传承与发展。

首先，深入挖掘和研究非物质文化遗产的丰富资源至关重要。从非遗的本体、主体和载体三个维度来理解其创新过程。非遗本体指的是那些蕴含着精湛技艺、独特思想和民间艺术的非物质文化遗产；非遗主体则是指那些对非物质文化遗产有深刻理解并具备实践能力的传承人，他们负责非遗项目的表达、展示和制作；而非遗载体是非遗主体与外界交流的桥梁，包括民间工艺品、旅游商品及其他实物或相关环境。其次，非遗文创产品作为非遗载体的重要组成部分，其设计应以非遗本体为灵感，确保创新不偏离文化本质。同时，注重传统手工技艺的传承，创造一系列具有非遗特色的标志性纪念品。这些产品不仅能够丰富旅游体验，还能通过设计方法激发非物质文化遗产的独特魅力。

在创意产品的设计中，我们有意识地融合了非遗文化的精华，从而为当前的文创产品设计与研发提供了新的思考方向。这些创意产品的外观特点是非遗文化最直白的体现方式之一，比如把古老符号绘制到衣物之上，或用字母和图片的形式来呈现非遗文化的信息等。另外，我们可以看到一些创意产品以虚拟产品作为载体，如视频类创意产品等，这都可以作为非遗文化在创意产品里的表现方式。比如，在景德镇瓷器的制造过程当中，会加入唐三彩的人物造型和建筑风格等元素。而在新媒体创意产品领域，我们也看到了非遗文化的身影，比如，江西省的孟戏和宜黄戏都可以成为当下新媒体影视、音乐等的灵感来源。

景德镇的创意陶瓷制品见图3-13。

图 3-13　景德镇的创意陶瓷制品

第五节　故事的探索

许多历史文化是以叙事的方式得以保存和传递的，其中一部分源自实际事件，另一部分源于人们的想象。在传播过程中，叙述和主题通常依靠语言表达和视觉符号来维持其连贯性，并在社会变迁中或被遗弃，或被重新诠释。对叙述和主题的改编注重将其视为文学作品来看待，并以此作为切入点，从而连接古代和当代的生活，使得博物馆里的故事、主题、人物等无形的精神财富转化为文化创新的主要内容，提升文化的深度，增强文化的现代化属性，创造出更多价值。比如，清朝皇帝康熙喜欢在阅读奏折后写下"朕知道了"的批语，台北故宫博物院根据其这一习惯推出了一款名为"朕知道了"的纸胶带产品，让这个故事因该产品的热销而在公众间广泛流传。

文化通常分为物质文化和非物质文化两种类别，前者包括物品、结构、图案与环境等方面，后者则涵盖了行动和思维方式。人类的精神理念和价值观被嵌入行动文化之中，并透过人们的实际行动得以传播，这反映出其背后的精神文化。某些非物质文化元素必须依赖于实体媒介才能显现，例如古典音乐就需借助传统的乐器作为实体的表现形式，因此当人们看见某种乐器时，便会自然地想起相关的音乐风格。

文化分类与层次见表 3-1。

表 3-1 文化分类与层次

类别	定义	包含内容	举例	表现形式与传播方式
物质文化	可触摸的、具体的文化产品	物品、结构、图案、环境	古建筑、传统服饰、艺术品	通过实体物品的展示、使用和保护来传播
非物质文化	非物质形态的文化，包括行动和思维方式	行动文化、思维方式、精神理念、价值观	古典音乐、传统舞蹈、民间故事、手工艺技艺	通过教育、表演、口头传承和实践来传播

文化的传承是非遗叙事主题的重要组成部分，我们把这些主题分为三类：艺术主题、手工艺技巧主题和社会习惯主题。每个主题都代表了特定的非遗文化类型。对于各种叙事主题，我们可以采用多种设计方法和策略来处理它们。例如，要展示民俗故事中的艺术元素，就必须提取出其中的经典角色和情节并将其融入产品设计之中；而当我们要展现手工艺技巧时，就需要在产品制造过程中强调这种独特的技能，可以通过推进生产流程的标准化或产品形态的现代化等方式实现这一目标。此外，传统工艺往往伴随相应的工具、服装等，因此借鉴它们的外观和样式能够更好地反映传统文化的特点。最后，如果我们的目的是展示社会的惯例，那么除了利用实物象征意义外，还可以通过用户行为体验的方式，引导他们的行动符合社会常规，从而在自我反省的过程中理解这个主题。

文化遗产类型与非遗叙事主题的关系见表 3-2。

表 3-2 文化遗产类型与非遗叙事主题的关系

非遗叙事主题类型	非遗文化类型示例	设计方法和战略	结果/目的
艺术主题	民俗故事	提取经典角色和情节并融入产品设计	产品设计反映艺术元素
手工艺技巧主题	手工艺品	强调生产过程中的独特技能，推进生产流程的标准化或产品形态的现代化	产品展现手工艺技巧
社会习惯主题	社会常规	利用实物象征意义和用户行为体验使行动符合社会常规	用户理解和体验社会习惯

非物质文化遗产创意产品的设计核心是其与其他创意产品区别开来的基础。设计的精髓在于文化，设计师需要通过故事传递中国的传统文化，以文化为中心是重塑设计的主要准则之一。

人类的需求具有多样化特征，仅关注实用性的产品无法完全满足人们的情感需求。故事化的设计旨在实现这种心理诉求，强调人与产品的情感互动。人类的思维方式可以划分为三类：基本反应、行动和反省。其中，反省阶段被视为最高级别的思维方式，它对人的影响力更为深远。优秀的创意能够传达情绪，引导人们深入思考并引发内心的共鸣。依据消费者的需求来制定设计的准则，将有助于提升产品的质量。利用传统元素作为故事背景的产品，它们所蕴含的潜在价值非常高，从而创造了文化氛围，传播了文化理念。

第六节 现状与挑战

"文化创意产业"这一概念由霍金斯在2001年首次提出,但实际上,中国早就开始实施文化创意活动,只是没有使用这个名称。我们逐渐认识到文化的价值并且在全国范围内推动它,相比之下,对非物质文化遗产的关注度的提升用了更长时间。从20世纪50年代起,我国就有大量艺术制品出口至海外,成为获取外汇的主要方式之一。其中一部分作品融合了工匠们的智慧和创造力,已然超越传统的手工艺品,可以归类为文化创意产品。事实上,早在元代,景德镇的瓷厂就根据波斯地区的金银器的形状来创作符合中东审美需求的产品,从而使得中国青花瓷风靡全球,也引发了人们对中国文化的兴趣和喜爱。

我国拥有丰富的创意产品开发实践经验,并有坚实的传统文化基础做后盾。各类文化遗产都可被视为创意设计的灵感源泉,包括物质文化遗产(如文物与古代建筑),也包括非物质文化遗产(如传统手工艺、民间艺术、戏剧及习俗等)。部分元素可以通过规划和设计转化为相应的文化创意商品。在文化创意产业中,我们具有广阔的空间和无限的可能。

然而,尽管中国的文化创意产业取得了一定的进步,但仍存在许多问题,例如缺乏明确的法规和标准。部分从事文化产业的企业家以及来自博物馆或其他公共机构的管理人员对"文化创造力"这个词并不十分理解,他们可能还不清楚从传统艺术中提取精华并将其应用于文化创意产品的方法。在这三个要素——文化、创意和产品中间,文化是最关键的部分。然而在国内的文化创意产业中,最重要的不是文化本身,而是平台和渠道。这种方式并非可持续且有竞争力的方式。如果产业过于依赖平台和渠道,那么文化与创意的重要性将被削弱,这不符合"文化引领经济发展"的理念。许多小微企业、独立设计师、手工艺人和非物质遗产继承人通常会专注于提高他们的作品质量和实用性,而不是重视平台和渠道的作用。这些人都有真正的"工匠精神",却常常受到现代科技、市场规则和新媒体传播的影响而无法融入现代社会,从而导致其影响力有限。如今的生活中无处不在的是全球一体化、网络科技等元素,如果无法找到合适的途径或舞台展示自己的作品,那么其作品极有可能陷入无人问津的状态之中,这不仅会令创作人失去获得收益的机会,而且会影响他们创造财富的能力。总而言之,要推动文化传承与发展,需要有坚定的精神力量和社会竞争能力,要有创新的产品设计理念,同时要寻找适当的市场聚道。有研究者指出:"长期以来,人们普遍认为文化和经济发展之间存在一种相互依存的关系,但这种关系往往只停留在表面层次——即把文化看作一种为经济社会发展服务的工具或者作为宣传当地政府业绩的一种方式。"无论是从政治、精神还是商业角度来看,非物质文化遗产都具有重要的实际意义。它不仅是构成国家和民族思想观念体系的重要因素之一,也是决定一国综合实力的关键要素的一部分。此外,将非物质文化遗产转化为具体的产业形式,还可以有效地提升国家的整体经济水平。因此,我们必须清楚地认识非遗文化的重要性。

如果我国的文化创意产业始终停留在较低层次,这对于文化的持久繁荣是不利的。因此,我们应该推动高品质的文化创意产品的设计,使我国的文化创意产业从现行的为外国企业"代工"或"按图定制"模式转变到"自主创新"上来。比如，重庆市荣昌区、湖南省浏阳市及江西省万载县是享誉中外的"夏布之乡"，日本和韩国曾长期向我国的夏布生产厂家购买未经精细加工的夏布面料，然后在其基础上进行深度加工，如柔软处理、去胶等，从而使得原本质地较硬的夏布变得柔顺，同时消除其表面的粗糙感和刺激性。经过深加工的夏布可用于制作衣物，穿着舒适且没有异物感。但是随着中国人力成本上升，日本、韩国的订单量急剧下降，导致夏布行业的生存压力增大。以此为鉴，我们要做的第一件事是在技术层面降低深加工的成本，其次要鼓励设计师们开拓思路，让夏布的用途不再局限于传统的服饰行业，进而扩大其国际和国内市场份额。

当前，我国文化创意产业的发展仍处在逐步提升的过程中，并正以有序的方式建立起有效的发展途径。政府对该产业的扶持使其拥有较高的关注度和商业潜力，这引来了许多来自不同行业的参与者。然而，在这股浪潮过后，我们需要严肃地思考国内文化创意产品的缺陷：缺乏文化内涵，审美观念不足，使用低质量材料，过度相似的产品，机器取代人工带来的问题以及缺少创新元素。为了促进这些问题的解决，我们应该有针对性地采取行动，打破常规思维，实现文创产业的可持续发展。

考虑到中国文化创意产业当前的发展状况，我们应当重视持续发展、文化传承以及借鉴学习。在推动产业转型过程中，制造行业对文化的需求尤为急迫，因此有必要提升文化与艺术的影响力，让文化产业成为经济增长的重要驱动力。要提升产品的文化内涵和附加价值，使其对人们的生活产生潜在且持续的影响，从而吸引国内外的消费者购买文创产品。

Fei-Yi Wen-chuang Sheji Yuanli yu Shijian

第四章
案例研究：非遗文创产品设计的灵感源泉

第一节　创意衍生

在文化创意产品领域，中南大学瑶族长鼓舞传承基地成功将与瑶族相关的文化创意设计转化为多组精美且具有代表性的作品。这些作品充分体现了瑶族特有的文化元素，并经过精心制作，以确保它们能够获得良好的市场反应。这不仅对瑶族非物质文化遗产的传承和发扬有着积极作用，还为地方经济发展带来了新机遇。这些产品可以作为旅游纪念品、礼品或日常生活用品，在市场上具有广阔的前景，并有效促进了瑶族文化的传播和发展。

瑶族的文化特征见表4-1。

表4-1　瑶族的文化特征

文化特征	描述
语言	民族语言分属汉藏语系苗瑶语族瑶语支、汉藏语系苗瑶语族苗语支、汉藏语系壮侗语族侗水语支
服饰	瑶族的传统服饰色彩鲜艳，以手工刺绣、蜡染和银饰为特色，女性服饰尤为独特
建筑	瑶族传统建筑多为木结构的悬挑式或干栏式建筑，适应山区地形
节日	瑶族的传统节日有盘王节、春节等，在这些节日会开展丰富的民族文化活动，如歌舞、祭祀等
宗教信仰	瑶族宗教信仰多样，包括自然崇拜、祖先崇拜和道教等
音乐与舞蹈	瑶族的音乐和舞蹈富有特色，舞蹈动作模仿自然界的动物和日常劳动动作，音乐则以笛子、唢呐等民族乐器伴奏
手工艺	瑶族擅长银饰制作、刺绣、蜡染等手工艺，相关工艺品不仅是日常生活用品，也是瑶族文化的重要表现形式
饮食文化	瑶族的饮食以农作物为主，如稻米、玉米等，独特的饮食包括酸食、竹筒饭等

1. 设计名称：瑶族IP形象盲盒设计

设计说明：

本设计对瑶族各个支系的服饰文化进行了深入研究，对其中所蕴含的独特审美特征与丰富的艺术表现手法进行了全面的发掘与鉴赏。在对瑶族各个支系服饰元素的精细研究、分解、概括与重构的过程中，强调传统服饰核心元素——图案、色彩与款式的萃取，同时采用融入现代审美观念的创新设计。我们通过3D建模、实物上色的方式来达到少数民族传统服饰元素与现代创新设计的有机结合。

本设计采用瑶族各个支系原生态传统服饰形制作为设计蓝本，彰显出民族文化的魅力与价值。与此同时，通过结合现代潮流文化IP，将历史与现代相联系，营造一种崭新的设计风格及视觉效果。我们对"民族加国潮"玩具的创新设计表现进行探索与实践，以此打造瑶族IP形象盲盒。

本设计既是对瑶族服饰文化的研究与发掘，也是一次别出心裁的展示。作品既最大限度地保持了瑶族文化原始性、纯粹性的特点，又能与当代潮流文化有机融合，从而既符合当代审美需要，还可以更好地继承与弘扬瑶族非物质文化遗产。

瑶族 IP 形象盲盒设计理念独特、造型精致，设计师对瑶族文化了解透彻、推崇程度高。该作品既是艺术价值与收藏价值并存的艺术品，又是寓意深刻的礼品，既可用于馈赠亲友，又可自己收藏与鉴赏，毫无疑问会受到市场的普遍关注与热捧。

设计师以特有的视觉语言与形象呈现赋予传统瑶族文化以新的活力，让传统瑶族文化在新时代语境中焕发出全新的光辉。这类设计在发扬传统文化、增强民族文化自信的基础上，还推动了文化的多样性发展，为非物质文化遗产的传播开辟了新道路。

此外，瑶族 IP 形象盲盒还具有极高的实用价值。它可以作为一种独特的商品出售，为传统文化的保护和传承提供经济支持。与此同时，它能成为文化传播的工具，在与消费者的互动中，使更多的人了解并接触瑶族文化，提高大众对非物质文化遗产的理解与推崇。

瑶族 IP 形象盲盒的设计无疑给继承与发扬传统瑶族文化注入了新的生机，给现代设计界以新的启发与启迪。新艺术是融传统与现代、民族与潮流于一体的创新设计，它是对非物质文化遗产韵味的开掘，更是对多元文化的深入学习与领悟。

瑶族 IP 形象盲盒设计图与实物图见图 4-1。

2. 设计名称：瑶族民居文创积木

设计说明：

瑶族民居文创积木富有创新性与趣味性，其以南岭瑶族传统民居——吊脚楼作为设计蓝本，将文化、技术与创新元素巧妙结合。该积木给孩子们带来了充满挑战与乐趣的拼装体验，引发了孩子们对非物质文化遗产的关注与热爱，实现了寓教于乐、寓学于乐。

设计师在设计时深入分析了瑶族传统民居所蕴含的文化、历史以及社会价值。他们利用虚拟仿真技术对原生态建筑制造方式进行研究与记录，对民居的地域特色进行悉心提炼，在设计中融入建筑装饰文化、家庭伦理观念、宗教崇拜文化以及其他文化符号。设计师秉承"道器合一"的设计思路，将瑶族民居改造为可拆解装配的 122 块积木，并采用 3D 打印技术进行制作。

这款瑶族民居文创积木既是益智玩具，也是文化传播工具。其让孩子们在玩的过程中认识并领略瑶族

（a）设计图

图 4-1　瑶族 IP 形象盲盒设计图与实物图

（b）实物图

续图 4-1

民居特有的魅力，增强大众对非物质文化遗产的参与感和认同感。与此同时，该设计为传统文化的保护与继承提供了新的可能性，创新技术的应用使非物质文化遗产能够在新时代语境中实现活态传承。

可以说，瑶族民居文创积木设计是一种体验式的文化创意设计，它不仅弘扬了传统文化，传播了民族文化知识，也让传统民居文化在新的形式下得以活化，为传统文化的传承与保护提供了一种新视角、新思路。

瑶族民居文创积木设计图与实物图见图 4-2。

（a）设计图

图 4-2 瑶族民居文创积木设计图与实物图

案例研究：非遗文创产品设计的灵感源泉　　第四章

（b）实物图

续图 4-2

3. 设计名称：基于瑶族视觉元素的"鼓 de 杯"的包装设计

设计说明：

"鼓 de 杯"包装设计是从瑶族博大精深的文化环境中孕育出的一种创新设计。设计师在符号学与色彩学的理论支持下，在可持续设计、感性设计与通用设计的设计思路下，深入了解瑶族长鼓并加以创新提炼，融入文创产品的包装设计。

在图案设计中，设计师选择了简单明了但生动性强的植物、动物、人物以及瑶族十二姓等文字素材。他们重新设计植物纹样，创造新的单元形状，用二方连续与四方连续的形式，营造平衡、和谐、对称、令人愉悦的视觉效果。这类设计既充满艺术性与视觉冲击力，又于无声中传递着瑶族文化之深意。

设计师运用创新思维，把瑶族长鼓与现代设计进行巧妙融合，用一种新的手法展现瑶族文化魅力。这款"鼓 de 杯"包装设计既体现出设计师独特的艺术视角，又成功地将传统文化元素与现代创意设计相结合，使人在体验包装设计之美之余，还能感受到瑶族文化的影响力。

整体来看，以瑶族视觉元素为载体的"鼓 de 杯"包装设计具有创新精神与文化内涵。其将传统文化和现代设计理念进行完美融合，在彰显瑶族文化魅力的同时，为传统文化的继承与革新提供新思路。

基于瑶族视觉元素的"鼓 de 杯"的包装设计见图 4-3。

4. 设计名称：《盘瓠盗谷》立体绘本

设计说明：

《盘瓠盗谷》是一款精心设计的立体绘本，旨在通过现代设计手法和美学理念，将瑶族传统神话故事呈现出来。该设计项目将特殊的人物设定、色彩应用与书籍装帧设计相结合，成功营造出一个鲜活、立体的瑶族神话世界。

（a）设计图

图 4-3　基于瑶族视觉元素的"鼓 de 杯"的包装设计

案例研究：非遗文创产品设计的灵感源泉　　第四章

（b）实物图

续图 4-3

在人物设计上，设计者以历史文献中所记载的人物形象为基础，结合瑶族服饰特点，创造出一批具有鲜明个性的人物。该立体绘本在准确表现神话故事主题与人物感情的基础上，还展现了丰富的人物层次与视觉效果。

在配色上，设计者巧妙利用瑶族服饰中常用的"五色"——黑、红、蓝、黄、白，用符合现代审美的色彩进行点缀。这一特殊的色彩应用在保留瑶族文化原色的同时又迎合了现代审美，使绘本色彩更丰富、更多元，给读者以视觉享受。

立体绘本《盘瓠盗谷》是瑶族传统文化与现代设计艺术的完美结合。其设计手法新颖，将瑶族神话故事展现得淋漓尽致，充分展现了瑶族文化的独特魅力。该设计项目既给传统文化的继承与发扬提供了一种全新的可能性，也给现代设计艺术以全新的启迪。

《盘瓠盗谷》立体绘本及衍生产品展示见图 4-4。

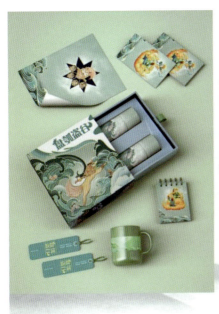  

图 4-4　《盘瓠盗谷》立体绘本及衍生产品展示

续图 4-4

案例研究：非遗文创产品设计的灵感源泉　　第四章

续图 4-4

5. 设计名称：《长鼓之源》《迁徙之路》绘本

设计说明：

《长鼓之源》《迁徙之路》两本绘本以绘画艺术与文字叙述相结合的形式展现瑶族的神话故事与迁徙历史，既是对瑶族文化的一次深入发掘，又显示出设计者高超的技艺与敏锐的眼光。

绘本《长鼓之源》中，设计者巧妙地将一系列神话故事情节联系起来，其中有盘瓠娶三公主、盘瓠成年、盘王之死和对盘王的追思等，由此构成一条整体叙事链条。它既反映出瑶族祖先盘王英勇顽强的精神，又介绍了瑶族人民为了纪念盘王而砍泡桐树、剥羊皮做长鼓，昼夜捶打祭祀等民俗的来历。设计者根据故事发展过程整理插画的叙事语言，使叙事内容与视觉效果互补。

绘本《迁徙之路》融合千家峒传说、渡海神话和盘王大典这一系列故事情节，描写了瑶族人民在长期迁徙过程中遇到的艰难险阻和大无畏精神，也描写了许多年之后盘王大典上民族团圆的喜悦盛景。设计者在画面上运用并置的空间叙述技巧，选择迁徙过程中有代表性的环节，将其放置在同一个空间画面上，对该空间内的事件进行静态刻画，从而构成静态历史叙事设计。

两本绘本均以视觉与文字双重叙事的方式将瑶族神话故事与历史传说生动地呈现出来，让读者能够更直观地了解与体会瑶族文化所蕴含的意义与魅力。这既是对瑶族文化的弘扬与继承，又是对现代设计技术与技巧的新探索与新挑战。

《长鼓之源》《迁徙之路》绘本及其衍生产品见图 4-5。

6. 设计名称：《盘王大歌》长卷

设计说明：

《盘王大歌》长卷是旨在继承与发展瑶族文化的创新设计。本设计在对瑶族文化特点与历史传统进行深入了解与调研的基础上，对南岭地区瑶族特有的文化元素进行充分的提取与运用，打造了展示瑶族文化风貌的巨幅画卷。

（a）设计图

（b）实物图

图 4-5　《长鼓之源》《迁徙之路》绘本及其衍生产品

设计者在进行设计时既充分考虑到青少年受众群体对文创设计的要求与期望，又积极地探索并尝试运用新兴科技手段进行创作。设计者借助数字化手段将长卷清晰地再现，使其细节与纹理得以完整地保存与展现。同时，设计者借助 AR 技术将《盘王大歌》的视觉化设计创新性地呈现出来，让受众通过互动体验的方式，更直观、更形象地感受到瑶族文化的魅力。

该设计既展现了瑶族历史文化，又反映了现代设计新思路、新技术。设计者将传统文化与现代科技相结合，成功达到传承文化、数字化活化传承之目的，开拓了传统文化传播与发展的新可能性。将传统文化与现代科技进行深度整合，将文化传承与科技创新进行有效融合，这不仅表现出对传统文化的尊重与保护，还显示出现代科技所提供的无限可能性与创新力量。

《盘王大歌》长卷及其衍生产品如图 4-6 所示。

案例研究：非遗文创产品设计的灵感源泉　第四章

（a）设计图

（b）实物图

图 4-6　《盘王大歌》长卷及其衍生产品

7. 江华瑶族神话传说创意装饰夜灯

设计说明:

江华瑶族神话传说创意装饰夜灯设计是试图把瑶族深厚的文化传统与现代生活美学有机结合起来的一种创新设计。此款夜灯的设计灵感来源于瑶族神话传说,采用了龙犬盘瓠、三公主、长鼓以及八角花等瑶族特有的神话图腾作为设计要素,通过现代设计手法将这些文化意义深刻的图腾以新的形式展现在生活用品上。

此款夜灯设计思路来自对瑶族文化传承的深度了解与尊重。在设计师看来,只有使大众对瑶族文化有所了解、有所鉴赏、有所消费,才能使瑶族文化真正实现活态传承。所以设计师在进行设计时,强调把民族美学意境贯穿于产品设计之中,使每一个产品都成为瑶族文化传承与彰显的媒介。

在外形设计方面,设计师选择了中国文化中的一个重要的精神原型——圆。圆与中国人民的宇宙意识、生命情调等息息相关,它所代表的一种和谐、完整而又亘古不变的美学观念也是与瑶族文化精神内核高度一致的。夜灯整体设计简洁大气,在体现产品装饰性的同时又充分考虑其实用性,实现了装饰性与实用性的完美结合。

从整体上看,江华瑶族神话传说创意装饰夜灯是一种文化与设计跨界融合的成功实践,不仅表现出设计师对瑶族文化的深入了解与尊重,更表现出其现代设计思维与创新实践能力。本设计既是生活用品,又是传承与展现瑶族文化的艺术作品,充分反映出设计师的匠人精神及其对文化传承的深刻理解。

江华瑶族神话传说创意装饰夜灯如图 4-7 所示。

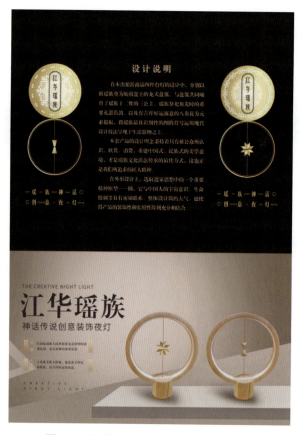

图 4-7 江华瑶族神话传说创意装饰夜灯

8. 设计名称：卡通瑶族长鼓制作工艺设计

设计说明：

卡通瑶族长鼓制作工艺设计是瑶族传统手工艺在文化传承上的创新性重现。设计师在色彩、图形、版式、构成和工艺等专业理论知识的指导下，对瑶族长鼓的创作过程进行深入探讨，并用16张拼贴装饰画来展示该工艺。

在色彩运用方面，设计师从瑶族传统色彩出发，利用色彩心理学、色彩美学等理论找到了一种可以传递瑶族文化气息的色彩搭配方式。在图形设计中，设计师将形式美法则与简单法则相结合，并将拼贴装饰画这一艺术表现形式融入其中，使每幅作品在保持画面整体美感与和谐性的前提下，完整展现长鼓制作的重要步骤。

设计师在进行设计时，刻意将现代特色几何（扁平化）因素融入其中，一方面，让作品符合现代人审美需求，另一方面，旨在强调长鼓制作中关键的环节与技巧。这样，设计师就可以把这门瑶族的传统手工艺最大限度地记录下来并传播出去。

在总体设计上，设计师主要从版式与构成、色彩与图形等方面入手，通过精心设计与布置，使每幅作品既能独立叙述出长鼓制作中的一环，还可以与其他图片组成制作的完整流程。设计师巧妙地将工艺的因素融入设计之中，使作品既富有艺术性，又具有教育意义与实用价值。

从整体上看，卡通瑶族长鼓制作工艺设计是传统文化与现代审美成功结合的体现。它不仅是艺术品、教育工具，还是弘扬与传承瑶族长鼓生产技艺的载体。设计师通过这一设计成功地将瑶族传统文化与现代审美结合起来，使传统手工艺在新形式、新内容下得以传播与发展。

卡通瑶族长鼓制作工艺设计见图4-8。

9. 设计名称：基于瑶族长鼓舞的系列插画设计

设计说明：

以瑶族长鼓舞为原型所进行的一系列插画设计是用艺术的方式把瑶族生活与文化的独特魅力充分地表现出来的一种尝试。该设计既精准捕捉到瑶族文化的关键要素，又通过鲜活的画面使受众深刻了解瑶族日常生活与风俗习惯。

图4-8 卡通瑶族长鼓制作工艺设计

续图 4-8

本设计从瑶族三大庆典类型——婚礼、祭祀、丰收入手。三大庆典代表了瑶族族群生活中最重要的部分——家、灵、工。每一种庆典类型均具有特殊的文化象征与含义，长鼓舞是跨越这三类庆典，象征瑶族人民幸福与统一的一条重要连接线。

设计师将瑶族特色视觉元素充分地运用到一系列插画设计当中，比如明快的颜色、几何性造型以及动感的线条等，使每幅插画既富有生活气息又富有艺术魅力。与此同时，设计师还重视插画对情感的表现，透过插画上角色的行动与神情，使观者体会到瑶族人民举行庆祝活动时的欢乐、虔诚与惬意。

透过这一系列插画设计，设计师成功地将瑶族日常生活与风俗习惯以新的角度与方式呈现在大众面前。这样既加强了大众对瑶族文化的了解与认识，又给瑶族文化的继承与发扬带来了一种新的可能。与此同时，本设计还显示出设计师对瑶族文化的深入研究与尊重，反映出设计师的专业素养与社会责任感。

综上所述，以瑶族长鼓舞为原型所进行的一系列插画设计是富有生机与创新精神的。它以鲜活的插画、丰富而深刻的内涵，将瑶族文化特有的魅力与价值呈现在人们面前。这一设计既是艺术上的成功实践，又是对瑶族文化的深度探索与激情讴歌。

基于瑶族长鼓舞的系列插画设计见图 4-9。

10. 设计名称：基于瑶族婚俗文化的家用纺织品设计

设计说明：

用现代设计手法打造的基于瑶族婚俗文化的家用纺织品，既充分展示出瑶族文化魅力，又可满足现代生活与审美需求。

在图形设计方面，本设计采用瑶族传统服饰纹样，将中国传统吉祥纹样和瑶族"八宝被"的纹样作为设计基础。这些要素是瑶族文化最具代表性的象征，其设计与运用无不充满着深刻的文化内涵与艺术魅力。设计师在本次设计中充分挖掘了这些要素的特性与意义，打造出了文化气息与艺术感俱佳的家用纺织品。

在具体设计元素的选取方面，设计师采用过山瑶和平地瑶服饰风格作为主要设计元素。过山瑶与平地瑶作为瑶族两大支系，其服饰风格各有特点，却无不洋溢着瑶族独特的艺术风格与文化内涵。设计师巧妙地将两种风格特征糅合到设计之中，使设计出来的纺织品不仅能够反映瑶族各支系之间的密切关系，而且能够突出其自身特征。

案例研究：非遗文创产品设计的灵感源泉　　第四章

（a）设计图

图4-9　基于瑶族长鼓舞的系列插画设计

(b)实物图

续图 4-9

在设计床单与被罩时,设计师在主图设计中同时糅进两个不同支系的服饰特征。这种设计方法不但使整体设计风格统一,而且使每件纺织品独具风格与特点。这一设计方法不仅反映出设计师对瑶族文化的深刻了解,更表现出设计师独特的设计视角以及精湛的设计技艺。

以瑶族婚俗文化为背景进行家用纺织品设计,不失为一次别开生面的尝试。设计师将瑶族传统元素作为题材,运用现代设计手法打造具有丰富文化韵味与艺术感的家用纺织品,不仅符合现代生活与审美需求,也继承了瑶族文化精髓。这一设计既是艺术创造,又是对瑶族文化的热情礼赞与深度挖掘。

基于瑶族婚俗文化的家用纺织品设计见图 4-10。

11. 设计名称:瑶族神话传说系列插画设计

设计说明:

瑶族神话传说系列插画设计是以瑶族独特装饰元素为背景,结合中国传统装饰风格所进行的插画设计。设计师借助现代数码绘画技术来演绎瑶族神话传说中的人物、事件及其意蕴,使其成为人们能够直接感知到的艺术形象。

设计师的灵感来自瑶族的神话传说,神话传说既是瑶族文化中的一个重要部分,又是瑶族人思想、信仰以及生活习俗等方面的一个重要媒介。设计师在进行设计时,试图借助艺术的技巧与直观的语言使这些神话传说在插画上焕发出新的活力与表现力。

在图形元素选择与运用中,设计师借鉴了瑶族装饰艺术。瑶族装饰艺术以它特有的纹样、色彩与形态表现出瑶族人民对人生与自然的认识与感受。设计师在进行插画设计时,将这些要素巧妙地利用起来,使每幅作品都洋溢着浓厚的民族文化气息。

案例研究：非遗文创产品设计的灵感源泉　第四章

（a）设计图

（b）实物图

图4-10　基于瑶族婚俗文化的家用纺织品设计

与此同时，设计师从中国传统装饰风格中汲取营养，这一装饰风格精美、绚丽而又饱含深意，给设计平添了迷人的风韵与丰富的内涵。设计师将瑶族装饰元素与中国传统装饰风格巧妙结合，使插画既有民族特色，又承载着中国传统文化。

从技术上讲，设计师运用了现代数码绘画技术。该技术具有灵活、多样、高效等特点，给插画设计带来了更多的可能性与更高的自由度。设计师运用数码绘画技术对神话传说里的人物、情景、事件进行细腻的刻画，使插画变得更鲜活、更精致、更立体。

瑶族神话传说系列插画设计是现代艺术和传统文化结合的一次尝试。其运用现代视觉语言与艺术手法对瑶族神话传说进行生动阐释，使观赏者在享受美的过程中，还可以感受到瑶族神话传说中所蕴含的奇幻色彩，从而引起心灵深处的共鸣。

瑶族神话传说系列插画设计见图4-11。

（a）设计图

图4-11 瑶族神话传说系列插画设计

案例研究：非遗文创产品设计的灵感源泉　　第四章

（b）实物图

续图 4-11

12. 设计名称：《盘王大歌》字体设计

设计说明：

本设计以瑶族《盘王大歌》为核心思想，结合现代字体设计，营造独特视觉效果及审美体验。在设计初期，设计师对瑶族《盘王大歌》的历史背景、文化内涵及象形图案等进行了深入研究，提取出与歌词意境密切相关的要素，并将其重新绘制、创意演绎。

在字体设计上，设计师受古代金文字体的启发，试图把金文特色和瑶族盘王大歌象形图案结合起来，创造一种既有传统韵味，又有现代气息的新字体。该字体不但具有较高的视觉识别度，而且能把瑶族文化与《盘王大歌》的精神内涵表现得淋漓尽致。

为使字体设计更丰富、更立体，设计师在字形上也做了精心调整、优化，使得每一个字都能够配合相应的象形图案、歌词意境。另外，注意排版的节奏感，追求整体视觉效果的和谐与流畅。

最后，充分考虑到不同情景中字体的使用要求，使得字体适用于传统文化的传播和满足现代设计领域多种要求。不管在书籍、海报、广告还是产品包装中,这种字体都能够发挥出其特有的韵味,给人一种崭新的视觉体验与审美享受。

综上所述,《盘王大歌》字体设计是一种创造性、实验性的尝试,成功地把瑶族《盘王大歌》与现代字体设计结合起来,为继承和弘扬传统文化提供了独特的艺术形式,同时,给现代设计领域带来了生机与启示。

《盘王大歌》字体设计见图4-12。

13. 设计名称:基于瑶族节庆风格的月历设计

设计说明:

本设计致力于把瑶族特有的节日风俗文化与日常生活相融合,并以新颖的设计手法将博大精深的瑶族文化与现代人的生活相融合。设计师选取瑶族节日风俗作为设计题材,从中提炼出具有代表性及识别度高的视觉元素——各类人物形象、生活场景、独特服饰,并把这些元素巧妙地应用于插画创作之中,呈现瑶族节庆活动的生动景象与独特魅力。

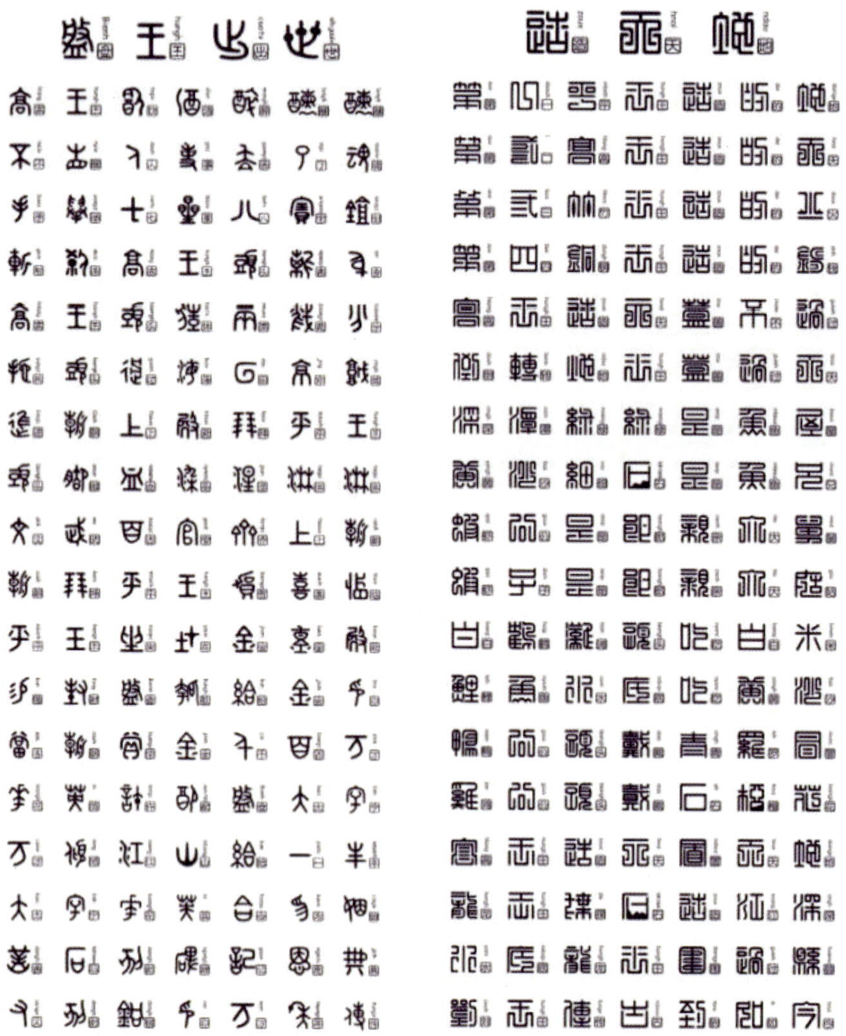

(a)设计图

图4-12 《盘王大歌》字体设计

案例研究：非遗文创产品设计的灵感源泉 第四章

（b）实物图

续图 4-12

在月历设计上，将这些精致插画完美融入每页，让人们体验瑶族快乐的节日氛围。与此同时，这一设计方式还赋予月历全新的价值与性质，在强化月历实用功能的同时，将月历打造成艺术感与文化内涵兼具的生活用品。

具体而言，本设计对瑶族文化中最具代表性的节日风俗做了深入研究，并从各支系服饰、住所等多方面进行设计元素的抽取与整理，绘制了一批绚丽多姿的插画作品。以伞舞插画为例，设计师撷取瑶族花伞纹样，精心描绘平地瑶女性头巾，使插画实现了叙事性与商业性的完美融合。

通过这样的设计，设计师希望能使更多人了解、欣赏瑶族节日文化，领略瑶族特有的民族魅力，进而提高大众对瑶族文化的认同度。这种以瑶族节庆风格为背景的月历图案，既给人们带来视觉上的享受，又是对文化的一种延续，更体现了设计师对瑶族文化深切的崇敬与无限的喜爱。

基于瑶族节庆风格的月历设计见图 4-13。

14. 设计名称：基于瑶族传统纹样的文创设计

设计说明：

本设计的灵感来源于瑶族传统纹样，尤其是女性装饰元素所包含的各种纺织纹样。瑶族妇女在纺织过程中所创造的图案多是简单而鲜艳的，这一特征并不是偶然出现的，它是由原始纺织方法的特点所决定的。这些简单直观的线条，很有节奏地反映出瑶族文化的率直、奔放和激情。

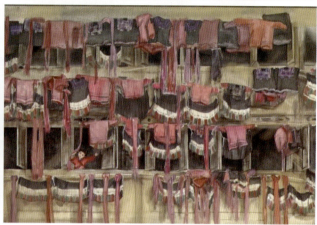

（a）设计图

（b）实物图

图 4-13　基于瑶族节庆风格的月历设计

　　将瑶族纺织纹样应用到设计当中，既体现了设计师对瑶族传统纺织工艺的推崇与喜爱，又是一种对传统审美的传承与发展。在进行设计时，设计师尽可能地保留了这些纹样最初的美与内涵，又以独特的设计语言赋予其现代表现形式，使其至今仍能焕发出特有的光芒。

　　在本次设计中，设计师对瑶族纺织纹样进行了尽可能多的抽取，包括其色彩、形状和纹理等方面，并对这些要素进行整合，形成新的设计语言。该语言不仅保留了瑶族纺织纹样原有魅力，而且现代感强，可广泛应用于各类文创产品。

此外，设计师特别关注纹样的实用性和功能性，设计时尽量考虑到产品使用场景及使用者要求，保证所设计的产品既美观又实用。比如在设计日常生活用品时，选用一些简洁明了的线条纹样不仅能反映瑶族文化特点，也能满足现代人对审美的追求。

从整体上看，本设计对瑶族传统纹样进行了新的诠释与再创作。希望借此使更多人对瑶族文化有所认识与鉴赏，对瑶族纹样魅力有所体会，以进一步促进瑶族文化传播与发展。

基于瑶族传统纹样的文创设计见图4-14。

（a）设计图

图4-14 基于瑶族传统纹样的文创设计

(b)实物图

续图 4-14

15. 设计名称："灵香瑶韵"瑶族香制品包装设计

设计说明：

本设计围绕瑶族文化这一主题，利用平面构成法则及格式塔原理提炼并融入了特有的扁平化图形元巧。设计师希望通过此设计使使用者在品味香制品之余能够体会瑶族文化之博大精深与韵味。

"灵系列"包装设计具有活泼可爱、青春洋溢、朝气蓬勃等特点。它的设计灵感多来源于瑶族服饰的抽象要素，它们被设计师巧妙地提炼并创新重组，从而产生新的设计语言。将其应用于包装设计，不仅使人领略到瑶族文化所特有的美，而且可以激发年轻消费者对其产生共鸣与好奇心，大大增强了产品的吸引力。

相比较而言,"韵系列"包装设计更稳重、更深刻,目标顾客以具有燃香习惯或者了解香类产品的中高档顾客为主。在设计上,以瑶族有关插画为主,通过细腻的刻画与精巧的编排,使消费者在燃香之余体会瑶族文化之深邃与静谧。包装的香气则选用了一些较深远的香型,与包装设计主题相协调。

除视觉元素设计外,对包装结构进行革新。设计师采用现代视觉形象设计思想,把包装设计成一个可供交互的架构,使消费者在使用产品时能够体会到设计的趣味性与人性化。该设计在提升产品使用体验的同时,还使瑶族文化更加广泛地传播与运用于日常生活。

"灵香瑶韵"瑶族香制品包装设计创新地演绎与传播瑶族文化。设计师用设计使瑶族文化魅力在现代生活里绽放出来,同时使更多人能通过对产品的使用来认识并感受瑶族文化。

"灵香瑶韵"瑶族香制品包装设计见图 4-15。

图 4-15 "灵香瑶韵"瑶族香制品包装设计

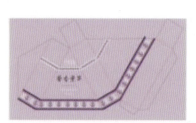 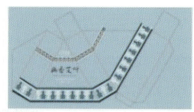

（a）设计图

（b）实物图

续图 4-15

16. 设计名称：瑶族文化招贴设计

设计说明：

本设计从瑶族丰厚的文化资源中提取素材，把创新、创意作为设计的灵魂和核心，通过做文化推广招贴，把瑶族人文、历史资源变成文化价值，使更多人认识、鉴赏瑶族文化。

本设计从瑶族人文历史及宗教信仰入手，通过深入研究和了解，找到具有瑶族特色及象征意义的设计元素。标志设计中利用图形同构原理把瑶族标志性器物长鼓和汉传道教象征符号结合起来，构成兼具瑶族特色和丰富道教文化的新符号。

海报设计中运用了图形同构设计原理。设计师把瑶族神话传说和盘王节作为文化元素与瑶族标志性器物同构设计而成的系列海报别具一格，视觉冲击力强。这些海报既可以使公众欣赏到瑶族民族风情与历史特色，又可以激发人们对瑶族文化进行深度思考与探究。

在设计全过程中，设计师坚持创新与创意并重，力求把瑶族文化元素与现代设计语言有机结合与创新，希望创作出既有瑶族特色又能满足现代审美要求的作品，希望借此使瑶族文化在现代社会得到宣传与普及，同时使更多人认识并感受到瑶族文化所具有的韵味。

从整体上看，本设计对瑶族文化进行了深入探讨与创新解读。设计师希望通过本设计使更多人对瑶族文化有所认识与鉴赏，为广大人民群众展现瑶族文化在当代设计上的无限可能性。

瑶族文化招贴设计见图4-16。

图4-16 瑶族文化招贴设计

第二节 工艺的传承

中南大学瑶族长鼓舞传承基地基于瑶族神话、服饰、建筑、宗教文化制作文创瑶族长鼓。长鼓文化特色如表4-2所示。

表4-2 长鼓文化特色

1. 长鼓名称：赶鸟节传说故事

设计说明：

赶鸟节是瑶族的重要传统节日，也是瑶族青年人的"情人节"。每年农历二月初一，瑶族青年男女身着民族盛装，聚在山冈上，载歌载舞，共同庆祝这一盛大的传统节日。该节日在瑶族文化中占有重要地位，也是瑶族群体情感联结与文化传承的主要媒介。

本设计旨在通过长鼓工艺品对瑶族传统民俗文化进行宣传与传播，使更多的人认识与了解瑶族生活方式与文化精神。所以，设计师选取赶鸟节传说为设计题材，并把此传说故事用插画展现于长鼓上。在插画设计上，尽量撷取瑶族地方风貌，例如山、林、溪等自然景观和瑶族赶鸟节的喜庆服饰，这种种要素充分表现出瑶族文化特有的魅力。

在对现代青年人审美取向有深刻认识的前提下，设计师尽量把这一审美取向贯穿于设计之中。比如设计插画时在样式、色彩搭配等方面尽量贴近现代青年人所喜爱的审美样式，使其既能欣赏长鼓，又能体会瑶族文化的韵味。

此外，设计师在长鼓的形状和结构上也进行了一些创新。这些绘有故事性插画的长鼓既可独立展示，又可结合起来构成一个整体。这一设计在为长鼓增添趣味性的同时，还使赶鸟节传说故事更生动、更完整。

总体来说，希望这一创新途径使更多人对瑶族传统民俗文化有所认识与鉴赏，也使瑶族文化能得到更好的传播与发扬。不论是瑶族传统节日、瑶族自然风貌还是瑶族青年节日服饰，都可借助这一长鼓工艺品向世界各国人民进行展示，使其更加深刻地认识与理解瑶族文化。

"赶鸟节传说故事"长鼓见图4-17。

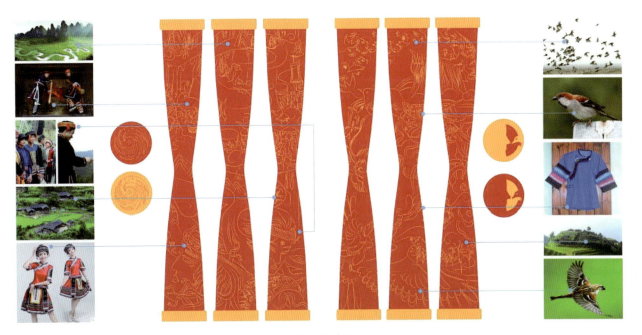

(a）设计图

（b）实物图

图 4-17 "赶鸟节传说故事"长鼓

2. 长鼓名称："莲花育子""和烟成亲"

设计说明：

本设计的灵感源自瑶族流传甚广的《伏羲兄妹歌》。该歌以其特有的叙事方式讲述瑶族的创世神话。

设计师的目的就是希望借助长鼓这一传统载体来继承与弘扬瑶族传统文化，使更多人认识与感受瑶族神话传说中的神奇之处。

设计师在设计过程中以符号学、色彩心理学等作为理论基础，在充分阅读、了解《伏羲兄妹歌》文本的基础上，对其象征元素、故事情节等进行了总结、梳理，抽取具有代表性、视觉冲击力强的要素与场景进行融合与转换，形成图形化插画纹样。

本设计充分考虑到故事的连贯性、整体性等特点，努力使故事更具有视觉冲击力、艺术感染力，而又能保持原故事情节。设计师采用综合材料的表现技法，以细腻的笔法、浓郁的色彩完美展现瑶族神话的奥秘与美。

在选色时，设计师借鉴瑶族传统颜色，尽量保持瑶族文化原始特色与韵味。设计师还将现代审美元素融入设计当中，使长鼓的设计既有传统韵味又不失现代风格。

此外，在设计的最后阶段，设计师进行了实物的手绘制作，以确保设计的实用性和观赏性。希望本设计能把瑶族传统文化魅力用一种新颖的形式呈现给人们，使更多人了解并欣赏瑶族神话传说，领略到瑶族文化的独特魅力与丰富内容。

"莲花育子""和烟成亲"长鼓见图4-18。

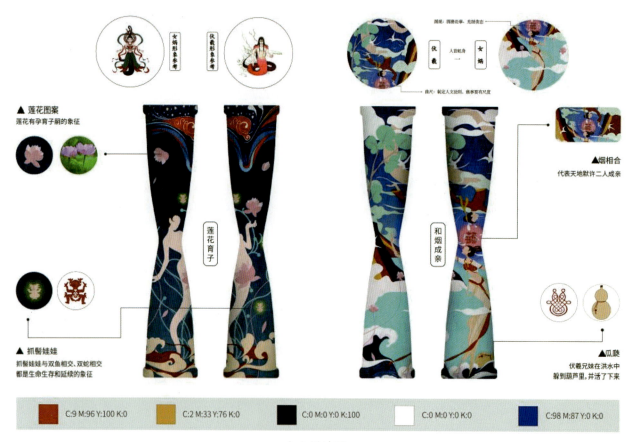

（a）设计图

图4-18 "莲花育子""和烟成亲"长鼓

(b）实物图

续图 4–18

3. 长鼓名称：蓝靛瑶长鼓

设计说明：

蓝靛瑶长鼓的设计灵感源于瑶族的分支蓝靛瑶。蓝靛瑶因种蓝靛草和用蓝靛草染衣服而得名，形成了独特的服饰风格和深厚的文化底蕴。其居住地分布在中国云南富宁、河口、师宗、砚山、广南、红河、金平、麻栗坡和勐腊一带，也分布在广西巴马、西林、田林、凌云和防城港一带，乃至越南、老挝等国。

本设计旨在通过长鼓这一瑶族传统艺术载体来展示蓝靛瑶独特的文化与生活方式，使更多人认识和领略蓝靛瑶丰富的文化内涵与独特魅力。设计过程主要以蓝靛瑶服饰文化为研究对象，深入研究他们的传统制衣工艺及蓝靛染色技术，并把这些要素以插画方式融入长鼓设计之中。

设计师在设计过程中尤其重视色彩的应用。蓝靛瑶因蓝靛染色技术独特而著称，其服装颜色多为深浅不一的蓝色，这一颜色的应用不仅反映出蓝靛瑶人的生活哲学，而且使其服装具有特殊的美学价值。设计师在设计时，把这深深浅浅的蓝色融于长鼓插画之中，通过颜色的比较与配合，力求表现出蓝靛瑶服饰文化之韵味。

蓝靛瑶长鼓见图 4–19。

4. 长鼓名称：花瑶长鼓

设计说明：

花瑶长鼓的设计灵感来源于花瑶，这一瑶族支系以细腻独特的挑花工艺命名。花瑶先民善于编织木皮，用草本植物色素染色，制造鲜艳的五色衣服。对花瑶这个没有文字的民族而言，挑花工艺犹如一种特殊语言，用自己特有的方式记载着花瑶的历史文化，书写穿着的史书。

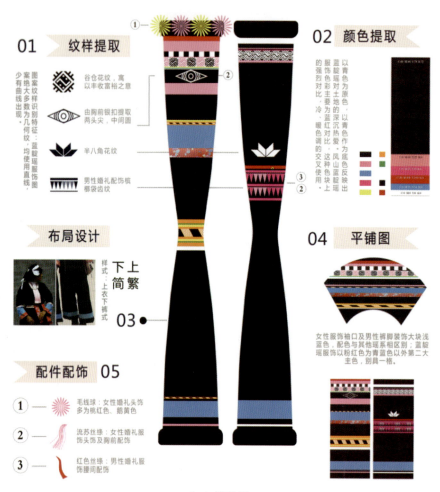

（a）设计图

（b）实物图

图 4-19　蓝靛瑶长鼓

花瑶长鼓设计中，以花瑶挑花纹样及派特典（一种鲜红的头饰）为主要设计元素。挑花纹样饱含浓郁民族风情、生活气息、历史底蕴，而派特典是花瑶人的精神支柱与文化象征之一。这两种元素的结合，将花瑶的历史文化和生活方式完美地融入长鼓的设计之中。

在选色时，设计师选取了花瑶人喜欢使用的红、黄、蓝、绿、黑五种色彩。这五种颜色既是花瑶人传统的颜色，又象征着花瑶人的生活哲学与民族精神。红色象征着生命与活力，黄色象征着大地与富饶，蓝色象征着天空与自由，绿色象征着自然与和谐，黑色象征着宇宙与神秘。这种五色搭配使得长鼓设计富有活泼之气，更能彰显花瑶文化之韵味与本质。

希望通过对花瑶长鼓设计的研究，更多人能够认识花瑶人民的历史、文化及生活方式，体会花瑶人民的睿智与创造力，从而有助于花瑶文化更好地继承与发扬。

花瑶长鼓见图4-20。

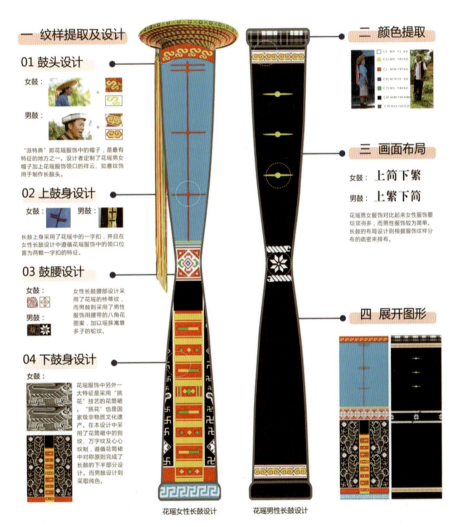

图4-20　花瑶长鼓

5. 长鼓名称：顶板瑶长鼓

设计说明：

顶板瑶长鼓的设计灵感来源于顶板瑶特有的头饰——顶板瑶外在意象的显著象征和历史文化物质载

体。顶板瑶头饰丰富多彩、别具特色，从其身上可以明显窥探到顶板瑶人的精神风貌、民族性格以及审美意识等，还可追寻到这一民族文化历史的发展轨迹。

在顶板瑶长鼓的设计上，设计师把顶板瑶头饰纹样与元素进行了有机的结合。他们从顶板瑶头饰结构与造型中汲取具有丰富象征意义的纹样与要素，以展现顶板瑶绚丽多姿的历史文化与生活哲学。同时，设计师把顶板瑶头饰制作工艺及材质特性纳入长鼓制作之中，使长鼓既有视觉之美，又有工艺质感。

在色彩选择方面，设计师沿用顶板瑶传统头饰色彩，以更好地反映顶板瑶的文化特色与历史底蕴。与此同时，注意色彩搭配与应用，使长鼓设计在保留传统韵味的前提下，兼具现代审美。

设计师希望通过顶板瑶长鼓设计唤起大家对顶板瑶头饰文化的认知与重视，使更多人体会到顶板瑶特有的民族魅力，同时，本设计对顶板瑶的文化传承与发展起到了促进作用。顶板瑶长鼓不但是工艺品，还是充满历史文化内涵的厚礼，它向顶板瑶博大精深的文化致敬。

顶板瑶长鼓见图 4-21。

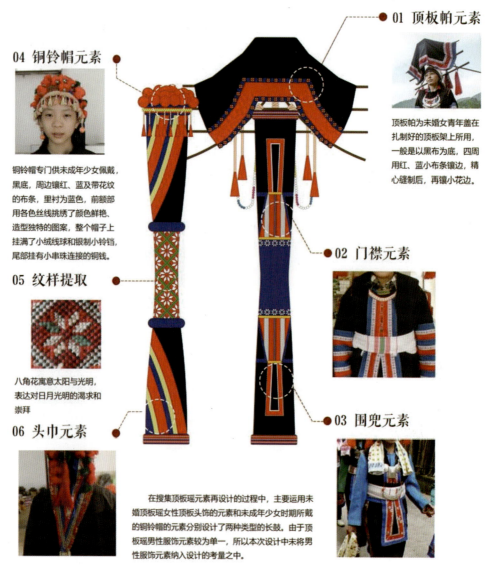

图 4-21　顶板瑶长鼓

6. 长鼓名称：婚礼与成人礼

设计说明：

这两款长鼓的图案代表了瑶族男人人生的两大转折点——成人礼和婚礼。它们象征生命的成长和延续，是人生旅途上的里程碑。

设计师首先通过对大量文献资料的调研及实地考察，对瑶族成人礼及婚礼仪式的内容及精神内涵有了深入了解，并在此基础上进行长鼓设计。设计师发现，成人礼与婚礼在瑶族文化中起着举足轻重的作用，它们既是个体成长与生命延续的标志，也是传承瑶族文化的主要媒介。所以，设计时，设计师把这两个重要节点的服饰特点、建筑装饰元素以及仪式情境进行了有机整合，使两款长鼓无论在视觉还是含义上都有了深厚的文化底蕴。

长鼓的图案设计借鉴了瑶族传统服饰与建筑装饰元素，以反映瑶族审美情趣与生活哲学。设计师在撷取传统元素的同时，也融入现代设计理念，使设计在富有传统韵味的同时也富有时代感。

在配色上，沿用瑶族传统配色，以创造热烈、凝重、圣洁之气氛。与此同时，注意颜色的应用手法，使整体设计在表现瑶族民族风格的同时还能够引发现代人审美上的共鸣。

设计师希望通过两款长鼓设计来记录与展现瑶族男性成长过程，唤醒民众对瑶族传统习俗的重视与尊重，促进它们的保护、传承与发扬；同时想通过这两款长鼓将瑶族文化特有的魅力与博大精深的内涵展现在世人面前，使更多人认识并领略瑶族文化艺术。

"婚礼与成人礼"长鼓见图4-22。

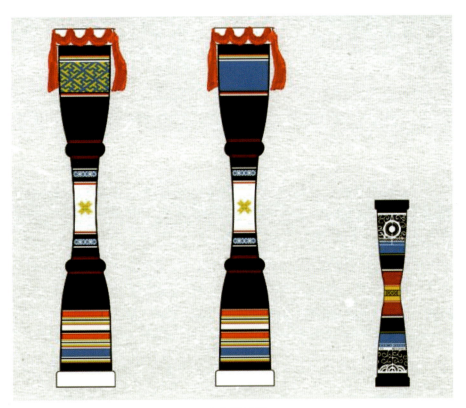

（a）设计图

图4-22 "婚礼与成人礼"长鼓

(b)实物图

续图 4-22

7. 长鼓名称：乳源过山瑶长鼓

设计说明：

本设计以乳源过山瑶特有的服饰风格为背景，打造了两款艺术抽象与符号化程度高的长鼓。设计师仔细研究乳源过山瑶男、女全套服饰元素，从头饰、鞋等方面入手，将其抽象、简化，并巧妙融入两款长鼓设计之中。

设计师所设计的女性造型鼓与男性造型鼓不仅从造型方面反映出乳源过山瑶的性别特点，而且在细节纹样方面也有所反映。设计师悉心撷取乳源过山瑶男女服饰中所共同具有的胸前方巾图案，并将其作为鼓面主要纹饰，使两款长鼓在视觉上富有乳源过山瑶地域文化特征。

在设计时，设计师尽最大努力使瑶族传统审美和现代审美有机结合起来，使两款长鼓都能保持过山瑶地域特色和现代感。设计师运用现代设计手法对传统元素进行创新，使作品既能保留传统文化，又能唤起现代人的共鸣。希望这两款长鼓既能成为瑶族文化传承的载体，又能成为艺术品，使更多人能通过这两款长鼓认识并领略乳源过山瑶特有的韵味。

同时，设计师希望这两款长鼓能成为瑶族文化传播的桥梁，让更多的人通过对这两款长鼓的了解和欣赏，进一步了解和关注乳源过山瑶这一独特的瑶族支系，进一步促进乳源过山瑶文化的传承与发展；并希望此创新设计方式对从事少数民族文化艺术创新的人群有所启发。

乳源过山瑶长鼓见图 4-23。

8. 长鼓名称：黄条沙曲

设计说明：

本设计是受到瑶族传统民歌《黄条沙曲》的启发，所制作的一款将瑶族特色与现代审美相结合的长鼓作品。设计师以文字设计为主要装饰纹样，并融入天乾地坤传统图形结构，使此长鼓具有深刻的文化内涵。

案例研究：非遗文创产品设计的灵感源泉　　第四章

（a）设计图

（b）实物图

图4-23　乳源过山瑶长鼓

设计师系统设计歌词文字并纳入万字纹笔画结构，添加美好愿望。设计师依据乐曲的韵律特征来区分字的大小、色彩，突出高音、节拍等特点，使长鼓设计既具有视觉美感，又能表现《黄条沙曲》的调子。

与此同时，设计师从瑶族民族服饰上提炼男、女装饰纹样，结合龙犬图腾等原始元素，进行几何化简化，使这款长鼓更富有现代感。设计师将个别造型不断延伸并完成现代化设计，使这款长鼓既能反映瑶族人民和《盘王大歌》中的关键人物形象,又能反映瑶族文化、体现现代潮流。

在鼓面的设计中,设计师以《黄条沙曲》的第一句歌词围绕天乾地坤图形展开设计,所设计的鼓面具有直击人心的视觉冲击力。在色彩设计方面,从瑶族传统服装中抽取原色并加以明度和纯度的协调,使整个设计更符合现代人的审美。

这种长鼓设计不仅是视觉艺术上的革新,也是对瑶族传统文化的深入发掘与革新。设计师希望此长鼓能使更多人领略到瑶族的文化魅力,并唤起大家对瑶族文化保护与传承工作的重视与支持。

"黄条沙曲"长鼓见图4-24。

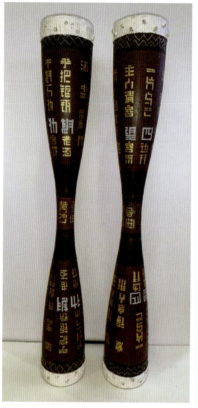

（a）设计图　　　　　　　　　　（b）实物图

图4-24　"黄条沙曲"长鼓

第五章
结语

作为拥有丰富非物质文化遗产的国家之一，中国一直保持并发扬民族文化的精髓——这是最为珍贵且独一无二的文化遗传因子。伴随着近些年我国"硬实力"（如经济实力、科技实力、军事实力等）的大幅提高，对文化软实力的提升已成为当下的重要议题。最近几年，各级政府部门陆续颁布一系列法律、规范、指导意见和规则来推动宣扬中国的传统文化，公众对非物质文化遗产、文化创新行业以及工匠精神有了更深入的理解和支持。同时，部分非物质文化遗产继承人和手工艺人（见图5-1）得到了应有的重视。

图5-1　手工艺人

作为中国软实力的关键组成部分，文化的创造力和想象力对中国的经济增长具有重要意义。而传统文化艺术品被视为文化发展的主要资源及基础要素之一。在书中，笔者探讨了怎样把传统手工艺融入现代的设计理念之中并将其转化为一种新的"非物质文化遗产创意产品"，也就是我们所说的"非遗文创（NCP）"。笔者通过深入的调研来探索这种结合的可能性及其可能带来的影响。在此种理论框架下进行了长时间的社会观察后，笔者强调了保持原始状态对于这些产品的必要性——这并不是简单地转换或添加的过程，而是需要深思熟虑的工作过程中的核心环节。同时，笔者意识到这个过程中存在着多种多样的挑战，如要确保传统的真实性等因素的存在，此类问题需要得到充分重视并且妥善解决，从而保证最终的产品质量达到预期标准。总之，"非遗文创"能否成功取决于是否能够真正理解它的本质并将它传承下去，从而实现可持续性发展的目标。

本书采用了多元的实地考察方法来收集数据并构建理论依据：对传统技艺继承者的采访，针对各类文化和创新企业家的问卷分析，从各种传统文化展览会上获得的信息（如民间遗产展示），来自各个历史文物保护单位的数据等——这些都为笔者的文字提供了丰富的素材。此外，笔者利用亲身经历与经验去发现问题所在，并对相关内容进行了阐述说明。

当前，非遗文创产品的开发面临许多挑战：设计师往往过于关注表面现象，对非遗文化的深层内涵理解不足；为了实现商业价值，他们常常牺牲品质，使用低质量材料制作出简陋的产品，给消费者带来了糟糕的使用感受，这可能损害品牌的长期利益；大量相似的非遗文创产品使得它们失去了独特性和个性，尽管它们的地理位置、民族背景和文化传承各有差异；部分非遗文创产品倾向于采用机械制造方式，然而这种做法并不适用于所有情况，也不是所有步骤都能通过机械手段完成。

非遗文创产品的独特之处在于它融合了非物质文化遗产元素，即便使用不同的材质、技术或者实现不同的功能，它们仍然能保持对原始文化的忠实，即文化基因并未发生变化。因此，我们无法用一般的设计规则去评估非遗文创作品，也不能强行规定所有制作过程都遵循固定的步骤，而是应该根据具体的时间和地点情况、艺术形式和个人需求制定合适的策略。现在，非遗文创领域面临的问题主要是从业人员没有充分理解非遗与创新的关系。仅仅专注于非遗的研究或是仅关注文创和设计并不能有效推动非遗文创的发展。当前我国需要的是拥有非遗文化基础，同时具备创新设计能力的复合型人才，然而这方面的教育培训相对匮乏。

笔者通过研究和解析非遗文化创意产品，提出了一些建议：首先，推动非遗文化的创新必须要有负责策划、协调甚至管理、运营的"代理商"，这是区别于传统意义上的代理人的新定义，是指能为非遗传承人和文化创意产业公司搭建沟通桥梁的专业人士，他们不仅精通非遗知识，还熟知设计技巧和理解市场需求。其次，政府部门应制定和优化有关政策和制度框架，特别是在"非遗+文化创意"项目上增加财政投入，实行专门性的财政资助，向小型和微型企业提供无利息或零利率借款，同时确保财政援助确实落到了非遗文化和文化创意公司的实处。再次，政府应该积极推动非遗文化创意行业的发展，加强宣传推介，为其提供网络平台，以拓宽销售途径，从而显著改善非遗传承人和非遗文化创意企业的状况，推动行业进步。最后，非遗文化创意产业链条亟需完善，使用"流水线"方式可以提高生产率和质量控制水平，实际上，适当的一体化规划并不违反非遗的精神实质。另外，非遗文化创意设计的技能培训也成为目前大学培育文化创意人才的一个重要方面，包括"非遗进入学校"和院校合作等多种形式。同样值得关注的是非遗文化创意品牌的构建和知识产权保护问题。

本书从教育角度出发，探讨如何通过融合民间艺术及文化创意产品设计来实现对非物质文化遗产的传承和保护。笔者提出了五个关键准则：强调传统文化理念、注重手工技巧、重视传统的图形元素、选用高品质原料以及突出民族性和地区特色。笔者从设计师的角度出发，深入剖析实际案例，总结出五个主要的设计策略：利用传统技术和材质保证质量，优化现有工艺并提升其性能，提取经典图样和形状，调整某些材料和形态，围绕传统主题进行延伸创作。同时，笔者关注到当前热议的手工体验趋势，对其中的手工艺品类的非物质文化遗产创意素材包进行了详细的研究。这些核心原则和设计方式构成了本书的创新点。

社会文化的实践形式——生产性方式是依据非遗自身的法则来实施保护的一种方法，这种方法既能保证非遗的真实性，又能使其达到商业化的发展目标。部分非遗文创的研究与制作过程可以采用这一模式，而反过来，非遗文创也能为非遗保护带来多种积极的影响。通过实地考察，笔者发现了这些规律并且提出了一套切实有效的策略。

中国丰富的传统文化遗产位居世界前列，这使得艺术家能够从中吸纳灵感来创作富有文化底蕴的创意产品。这种方式能让古老的历史传承得以在21世纪焕发光彩并体现其深远的影响力。通过结合文化和艺术品的设计开发及保存工作，可以建立起一种互利的关系以实现收益的双重增长——既能维护传统工艺，又能推动现代经济的发展。同时，这也是提升我国人民民族自信心的一种手段，是展示我国独特的地域特色的重要路径之一。在此基础上，笔者试图给出关于理解并且推进这一领域的具体策略：阐明尊重历史传统的重要性及其关键因素，从设计的角度提出合理的意见或方案供各方参考借鉴。

参考文献
References

[1] 朱庆祥，刘晓彬. 基于文化生态的非遗文创产品设计研究[J]. 包装工程，2022，43（20）：373-382.

[2] 王佳春，曹磊. 基于非遗主题的文创产品设计策略与方法研究[J]. 包装工程，2022，43（12）：324-331.

[3] 欧彩霞. 乡村振兴背景下非遗文创产品设计创新研究[J]. 中国果树，2022（05）：112-113.

[4] 邵露莹. 基于可持续设计理论的非遗文创产品视觉设计研究[J]. 艺术与设计（理论），2022，2（04）：87-92.

[5] 黄加，严竞雄，陆洋. 非遗文创产品设计与实践创新研究[J]. 今古文创，2021（45）：67-68.

[6] 戴雅琳. 中国非遗文创产品品牌包装设计综述研究[J]. 湖南包装，2021，36（02）：86-89.

[7] 陈昊炜，吴余青. 现代审美视角下非遗文创品牌的视觉设计及包装插画研究[J]. 湖南包装，2021，36（01）：49-51+63.

[8] 鲁思妤. 文献综述中非遗文创产品设计方法论研究[J]. 湖南包装，2021，36（01）：27-29.

[9] 李红超，王昕宇，李维钰. 基于文化元素的故宫博物院文创产品设计研究[J]. 包装工程，2022，43（02）：325-332.

[10] 温强. 京剧视觉形象在非遗文创产品设计中的应用[J]. 中国京剧，2021（02）：66-68.

[11] 朱晓军，刘昕语，何倩倩. 非遗文化创意文创产品设计实践研究[J]. 农家参谋，2020（22）：180+197.

[12] 李敏. 乡村振兴视域下非遗文创产品设计研究[J]. 农家参谋，2020（22）：206.

[13] 周美玉，孙昕. 博物馆文创产品设计研究[J]. 包装工程，2020，41（20）：1-7.

[14] 于丽娜，钟蕾. IP时代下的文创旅游产品设计研究[J]. 包装工程，2020，41（18）：306-312.

[15] 布乃峰. 大湾区背景下基于产教融合的"非遗"文创设计人才培养研究——以清远市龙塘镇陶缸烧制技艺为例[J]. 艺海，2020（08）：142-145.

[16] 龚璐. 非遗文创产品设计原则及要点分析[J]. 文化产业，2020（21）：35-36.

[17] 郭智勇. "互联网+"背景下山东非遗文创产品开发设计研究[J]. 美术教育研究，2020（14）：114-115.

[18] 刘洋，门梦菲，田蜜，等. 文创产品的创新设计方法研究[J]. 包装工程，2020，41（14）：288-294.

[19] 李艳，刘秀，陆梅. "国潮"品牌发展趋势及设计特征研究[J]. 设计，2020，33（09）：71-73.

[20] 李娟, 陈香. 地域文化符号融入博物馆文创产品的设计策略[J]. 包装工程, 2020, 41（08）: 160-165.

[21] 解春凤. 地域文化元素在文创产品设计中的应用[J]. 包装工程, 2020, 41（08）: 313-316.

[22] 肖优, 王洪亮. 地方文化元素在旅游文创产品设计中的应用研究[J]. 包装工程, 2020, 41（20）: 228-233.

[23] 王晓华. 非遗文化融入文创产品设计中的应用研究[J]. 文化产业, 2020,（05）: 21-22.

[24] 孙传金, 杨慧慧, 任尧. 非遗文化视域下阜南柳编传承与设计研究[J]. 美术教育研究, 2019,（24）: 27-28.

[25] 程辉. 博物馆文创产业研究的现状、问题与方向[J]. 包装工程, 2019, 40（24）: 65-71.

[26] 付振宇. 基于地域文化的文创产品创新设计[J]. 包装工程, 2019, 40（20）: 215-218+222.

[27] 孙克安, 叶聪, 匡才远, 等. 浅议非遗文创产品的创新设计——以南京博物院非遗馆为例[J]. 轻工科技, 2019, 35（08）: 124-125+139.

[28] 魏旭, 华天骅. 应用型高校非遗文创产品的设计与实践[J]. 包装工程, 2019, 40（14）: 204-208+223.

[29] 张歆. 地域文化视角下的文创产品创新设计策略[J]. 设计, 2018（19）: 54-56.

[30] 刘平, 杨杰. "互联网+"背景下文创产品的设计趋势及方法[J]. 大众文艺, 2018（19）: 121-122.

[31] 易平. 文化消费语境下的博物馆文创产品设计[J]. 包装工程, 2018, 39（08）: 84-88.

[32] 段东, 段颖. 融入柳州非物质文化遗产的文创产品设计研究[J]. 工业设计, 2018（03）: 28-29.

[33] 葛佳琪, 于炜, 王婷. 故宫文创产品设计解析及借鉴意义研究[J]. 设计, 2018（05）: 103-105.

[34] 葛畅. 文创产品设计过程中的需求分析及转化[J]. 装饰, 2018（02）: 142-143.

[35] 王成凤, 徐圣超. 浅谈地域文化元素在文创产品设计中的应用[J]. 艺术科技, 2017, 30（09）: 34-35.

[36] 李昱靓. 非遗文创产品重庆荣昌夏布的创新设计研究[J]. 包装工程, 2017, 38（10）: 180-183.

[37] 郝凝辉. 文创产品设计理论研究和实践探讨[J]. 工业设计, 2016（09）: 73+76.

[38] 磨炼. 基于旅游纪念品及相关文创产品的设计策略[J]. 包装工程, 2016, 37（16）: 18-21.

[39] 赵淑华, 张力丽. 博物馆文创产品叙事性设计方法[J]. 美术大观, 2016（05）: 102-103.

[40] 饶倩倩, 许开强, 李敏. "体验"视角下文创产品的设计与开发研究[J]. 设计, 2016（09）: 30-31.